Dieter Heri Mader

Die perfekte Scheidung

Verliebt

Verlobt

Verheiratet

– – –

Getäuscht

Getrennt

Geschieden

Dieter Heri Mader

Die perfekte Scheidung

Chancen erkennen und nutzen
Verluste minimieren
Fehler vermeiden

MERANO-VERLAG

Bibliographische Information der Deutschen Bibliothek:
Die Deutsche Bibliothek verzeichnet diese Publikation in der Deutschen Nationalbibliographie; detailliertere bibliographische Daten sind im Internet über <http://dnb.d-nb.de> abrufbar.

1. Auflage

Herstellung: Books on Demand GmbH, Norderstedt
Printed in Germany

ISBN-13: 978-3-9806781-5-5

Inhalt:

Vorwort

In jeder Veränderung liegt die Chance auf einen Neuanfang.

Falls Ihre Ehe an einem Punkt angekommen ist, an dem es nicht mehr „wie geplant“ weitergeht, und an dem die Trennung oder Scheidung absehbar wird, dann sind damit für Sie in aller Regel auch gewaltige Veränderungen verbunden.

Haben Sie bisher noch geglaubt, den Partner oder die Partnerin fürs Leben gefunden zu haben, so scheint das nun ernsthaft in Frage zu stehen oder bereits klar zu sein, dass es doch nicht für ein ganzes Leben gereicht hat.

Es macht wenig Sinn, nach „Schuldigen“ zu suchen. Wichtig ist nur, dass die Trennung und Scheidung für alle Beteiligten möglichst positiv verläuft.

Schadensbegrenzung und Erhaltung der Handlungsfreiheit, geordneter Rückzug und Aufteilen des gemeinsamen Besitzes, Neuorientierung, Umzug und vielleicht auch eine Veränderung der beruflichen Aktivitäten sind jetzt Themen, die in den Vordergrund rücken.

In dieser Lebensphase, die sehr viel von Ihnen abverlangt, sowohl emotional, nervlich, finanziell und häufig auch gesundheitlich, kann es ein Vorteil für Sie sein, wenn Sie geeignete Unterstützung erhalten.

Vielleicht haben Sie ja einen Freundeskreis, ein paar Menschen, die verständnisvoll und ohne zu hetzen dafür sorgen, dass Sie über die Dinge, die Sie jetzt als belastend oder als herausfordernd empfinden, sprechen können.

Auch gute Sachbücher können hier eine wertvolle Hilfe für Sie sein. Vertrauen Sie Ihrem Instinkt, Ihrem Gefühl und Ihrer Intuition, welche Bücher Sie hierfür auswählen.

Jede Trennung und Scheidung läuft individuell und unterschiedlich ab. Das macht es schwierig, ganz pauschale „perfekte Rezepte" abzugeben, wie Sie alles am besten meistern sollten. Vielleicht ist das auch ganz gut so, damit Sie selbst auch immer gefordert sind, eigene Entscheidungen zu treffen. Denn das Leben entwickelt sich für uns ja auch immer nach den Entscheidungen, die wir bisher bereits für uns getroffen haben und auch nach denen, die wir jeden Tag neu treffen. Dadurch bleibt das Leben bunt und spannend – manchmal auch aufregend, selbst wenn uns das vielleicht nicht ganz so gelegen kommt.

Und auch wenn es immer noch Menschen gibt, die eine Ehe erleben „bis dass der Tod sie scheidet", so entwickelt sich dies doch immer mehr zur Ausnahme in unserer Gesellschaft. Musste früher noch eine Frau „den Mund halten" und vieles ertragen oder wurde der Mann unter den Pantoffel gestellt und ließ sich das auch für ein wenig Sex, Kochen, Waschen und Bügeln gefallen, so haben die Menschen heute eine eher geringere Toleranzschwelle für Leid und Ärger.

So wird heute weniger „ausgehalten" sondern eher ein Schlussstrich gezogen, wenn die Freude am Miteinander vergangen ist. Mag sein, dass auch die Notwendigkeit wegen gesellschaftlicher Zwänge und dem Getratsche der Anderen zusammen zu bleiben, heute keine so große Rolle mehr spielt.

Hat man früher still gelitten,
wird heute um das persönliche Recht gestritten.

In der Summe unserer Erfahrungen zeigt sich irgendwann auch, wie sich dadurch unser Charakter formt. Sind wir in der Phase unserer Hochzeit noch blauäugig und überglücklich, so erfahren wir nun durch die Trennung einen Zustand der Enttäuschung und Ernüchterung.

Beides zusammen ergibt für uns einen relativ kompletten Eindruck einer „Ehe“, auch wenn wir zu Beginn noch von einem „Happyend“ ausgegangen sind, bei dem dann eben im Idealfalle beide Ehepartner Hand in Hand gemeinsam sterben dürfen.

Diese Gnade gewährt das Leben aber nur selten – und wenn, dann ist es völlig unbedeutend, ob diese zwei Menschen eine „Ehe“ eingegangen sind, oder sich einfach bis in den Tod geliebt haben – auch ohne Trauschein.

Waren Sie vor der Hochzeit noch grün hinter den Ohren mit wenig Erfahrung zum Thema „Ups – mein/e Partner/in hat sich im Laufe der Jahre anders verhalten oder entwickelt, als ich das gedacht hätte!“, so werden Sie nach der Scheidung ein ganzes Stück reifer und erwachsener geworden sein.

Dieser Reifungsprozess wird Ihnen helfen, künftige Entscheidungen mit mehr Weitblick und unter besseren Voraussetzungen treffen zu können. Folgefehler werden unwahrscheinlicher und vielleicht haben Sie ja auch während Ihrer Trennungsphase erkannt, welche positiven Seiten in Ihnen selbst stecken, die während der Ehe gar nicht richtig zur Entfaltung kommen konnten.

Jetzt allerdings geht es zunächst einmal darum, dass Sie Ihre Scheidung möglichst perfekt abwickeln, wenngleich es dennoch nicht einfach ist „Die perfekte Scheidung“ zu definieren oder durchzuziehen.

Es wird immer auch sehr stark von Ihnen selbst abhängen, wie Sie Ihre Scheidung im Nachhinein – wenn alles vorbei ist – beurteilen werden.

Allerdings ist es doch möglich, durch Sachkenntnis und den Willen, das Beste aus den gegebenen Umständen zu machen, eine ganze Menge an kostspieligen Fehlern zu vermeiden und eine Trennung bis hin zur Scheidung mit möglichst wenig Verlusten für alle Beteiligten abzuwickeln.

Dieser Ratgeber soll Ihnen helfen, wichtige Aspekte einer Trennung oder Scheidung zu erkennen, nach Ihren eigenen Maßstäben zu bewerten, um dann zu sinnvollen und zielführenden Entscheidungen zu gelangen.

Jede Trennung ist anders und individuell verschieden gelagert. Kein Buch kann punktgenau Ihre ganz persönliche Situation beschreiben oder Ihnen einen genauen Leitfaden an die Hand geben, damit Sie alles „richtig“ machen.

Allerdings gibt es ein paar grundsätzliche Gemeinsamkeiten, die bei so ziemlich jeder Trennung Anwendung finden.

Genau hier möchte dieses Buch ansetzen und Ihnen eine möglichst wertvolle Hilfe sein.

So ist es sicherlich in Ihrem Interesse, bei Ihrer persönlichen Trennung möglichst wenig Geld zu verlieren und auch auf lange Sicht eine möglichst positive finanzielle wie auch emotional befriedigende Lösung zu erreichen.

Sind auch noch Kinder von der Trennung betroffen, so dürfte es ebenfalls in Ihrem Interesse sein, deren Wünsche und Gefühle bei Ihrem Tun mit zu berücksichtigen.

Gerade für Kinder ist eine Trennung oft mit einem nicht wieder gut zu machenden Schock verbunden. Kinder sind einer solchen Situation hilflos ausgeliefert und haben in aller Regel keine Möglichkeit, eine ungewollte Trennung ihrer Eltern zu verhindern.

Dennoch können Sie selbst Einiges tun, um auch Ihren Kindern die Trennung zu erleichtern.

Dieses Buch möchte weiterhin die wichtigsten Meilensteine einer Trennung und Scheidung beschreiben, damit Sie wissen, womit Sie im Verlauf Ihrer Trennung rechnen sollten. Daneben möchte es auch die harten finanziellen Fakten aufzeigen, die wohl auch in Ihrer Situation mehr oder weniger Anwendung finden werden.

Sie werden in diesem Buch eine ganze Reihe praktischer Hinweise und Tipps bekommen, gedankliche Anregungen und möglicherweise auch den einen oder anderen Aspekt kennen lernen, an den ein „Normalbürger“ – im Schockzustand einer Trennung und unter gezieltem Beschuss durch die Briefe eines gegnerischen Anwalts – oft nicht denkt.

Die ausgetretenen Pfade der Anderen sind nicht immer die besten Wege für Sie.

Je mehr Sie Ihren ganz persönlichen, eigenen Weg gehen, um so erfüllter wird Ihr Lebensweg für Sie sein.

Ihre ganz persönliche Lösungsstrategie sollte folgendes beinhalten:

- Berücksichtigung der finanziellen Aspekte
- Stabilisierung der Gefühlslage
- Wiederaufbau eines guten Lebensstandards

Sollten im Verlaufe der Wochen und Monate nach der Trennung bei Ihnen Selbstmordgedanken aufkommen, dann ist auch das ganz normal.

Sie werden durch die Umwälzungen einer zerbrochenen Ehe ein enormes Maß an Verunsicherung erleben. Alles in Ihrem Leben wird in Frage gestellt sein und sehr vieles wird für immer zusammenbrechen.

Seien Sie tapfer und bleiben Sie stark! Das Leben lohnt sich immer und es hat sich vermutlich für Sie selbst schon lange nicht mehr so sehr gelohnt wie jetzt! Halten Sie durch und Sie werden die Früchte der Veränderungen nach Ihrer Scheidung ernten können!

Das höchste Gut des Menschen ist die Freiheit.

Das größte Glück des Menschen liegt in der Liebe.

Die Selbstverwirklichung entsteht im Alleinsein.

In der Situation einer Trennung sind Sie noch nicht frei, die Liebe ist zerbrochen und Ihre Selbstverwirklichung haben Sie sich mit Sicherheit auch anders vorgestellt, als Sie das im Moment erleben.

Und doch ist der schmerzliche Moment, in dem die Trennung ausgesprochen wird, wie das Hineinstechen der Spitze eines Pflanzwerkzeuges in die Erde.

Es ist der Augenblick, in dem der Samen für Ihr neues Leben gesetzt wird.

Dieses Buch möchte Ihnen helfen, die Erde fruchtbar zu machen, den Samen richtig zu bewässern und einen sonnigen Standort zu finden, damit das jetzt entstehende junge Pflänzchen Ihres neuen Lebensabschnitts unter den allerbesten Voraussetzungen wachsen kann.

Sie werden lernen, das Unkraut zu erkennen und auszureißen und werden ermutigt, das Vertrauen in Ihre ganz persönlichen Fähigkeiten als Gärtner Ihres Lebens aufzubauen.

So schlimm die Phase der Trennung und Scheidung für Sie persönlich auch sein mag...

... es gibt ein Leben nach der Ehe!

„Genießen Sie es"

Mit den allerbesten Wünschen für Sie und Ihre Lieben,

Ihr Dieter Heri Mader

Kipfenberg, 11. 02. 2011

Phase 0: Die Ist-Situation

Hier an dieser Stelle – also ganz zu Beginn Ihrer weiteren Überlegungen und Aktivitäten – sollten Sie sich fragen, in welcher konkreten Situation Sie tatsächlich hier und jetzt stehen.

Denken Sie derzeit über eine Trennung oder Scheidung nach oder befinden Sie sich schon mitten drin?

Wurde die Trennungsabsicht bereits ausgesprochen?

Ist die derzeitige Beziehung, Ihre Ehe, tatsächlich am Ende?

Haben Sie schon alle Möglichkeiten für das Fortführen Ihrer Ehe ausgeschöpft, zu denen Sie bereit sind?

Falls Sie alle diese Fragen mit „Ja“ beantworten, dann haben Sie den Punkt erreicht, an dem der Lebensabschnitt „Ehe“ tatsächlich für Sie zu Ende geht.

Bitte suchen Sie nicht nach „Schuldigen“, sondern fragen Sie sich offen und ehrlich, ob Sie ganz persönlich bereit dazu sind, diese Ehe mit diesem Ehepartner, also Ihrer Frau oder Ihrem Mann, jetzt zu beenden, und ob Sie wirklich und tatsächlich feststellen, dass Ihre Ehe endgültig gescheitert ist.

Es ist wichtig, dass Sie sich über diesen grundlegenden Punkt absolut im Klaren sind.

Falls Sie noch Hoffnung haben, dass Sie Ihre Ehe retten können und falls Sie Ihre Ehe retten möchten, dann setzen Sie sich bitte mit Ihrem Ehepartner zusammen und besprechen alles in Ruhe und – falls möglich – in Liebe.

Zeigen Sie Respekt und versuchen Sie, so gut es geht, Verständnis aufzubringen für die Einstellungen, Erfahrungen und Schlussfolgerungen Ihres Partners bzw. Ihrer Partnerin.

Wenn es noch irgendetwas zu retten gibt, wenn noch Gefühle da sind, wenn Sie sich noch lieben – dann haben Sie eine Chance, das Ruder doch noch einmal herumzureißen und die endgültige Trennung abzuwenden.

Sie werden es fühlen, ob es hierfür noch Hoffnung gibt. Nutzen Sie Ihre Chancen in jedem Fall, wenn Sie die Ehe fortführen möchten.

Seien Sie aber auch bereit dazu, es zu akzeptieren, falls Ihr Partner bzw. Ihre Partnerin die Ehe trotz allem beenden möchte. Vielleicht sind die Gefühle ja nicht mehr bei Ihnen beiden vorhanden. Respektieren Sie dann bitte auch das.

Falls Ihre Ehe gescheitert ist – egal aus welchem Grund – dann ist es jetzt für Sie wichtig umsichtig und aufmerksam diesen Lebensabschnitt der Ehe, den Sie höchstwahrscheinlich freiwillig und im Vollbesitz Ihrer geistigen Fähigkeiten begonnen haben, möglichst sinnvoll zu beenden.

Bitte denken Sie daran, dass Sie es bei Ihrem bisherigen Ehepartner mit einem Menschen zu tun haben, den Sie aller Wahrscheinlichkeit nach irgendwann einmal geliebt haben.

Es ist im Wesentlichen immer noch der selbe Mensch – auch wenn Sie heute feststellen, dass Sie mit diesem Menschen nicht mehr länger zusammen leben können oder möchten.

Sorgen Sie sich jetzt vor allem um Ihr eigenes Wohl, und bedenken Sie dabei, dass eine Trennungssituation Ihr Leben völlig auf den Kopf stellen kann.

Wichtige Bereiche Ihres bisherigen Lebens können jetzt unwiederbringlich wegbrechen, müssen möglicherweise völlig neu definiert werden.

Sie stehen vor enormen Umwälzungen und auch vor einigen Herausforderungen.

Bleiben Sie ruhig und besonnen, handeln Sie überlegt und beherzt. Sie werden es schaffen und die Sonne wird auch für Sie wieder neu aufgehen.

Es gibt Milliarden liebenswerter Menschen – falls Sie es möchten, dann können Sie mit Leichtigkeit einen neuen Partner bzw. eine neue Partnerin finden. Zunächst sollten Sie aber erst einmal Ihre alte Beziehung würdevoll zu einem guten Ende bringen.

Sie denken also jetzt am besten konstruktiv und sachlich über Ihre bevorstehende Trennung nach.

In der bisher gemeinsamen Wohnung wird wohl nur einer von beiden bleiben, der Andere wird wohl ausziehen.
Es folgt das Trennungsjahr. Einer von beiden wird wohl unterhaltspflichtig sein. In aller Regel derjenige, der das Glück hat, jeden Monat mehr Geld zu erwirtschaften, als der Andere.

Schließlich wird einer von beiden die Scheidung einreichen. Tun Sie es am besten selbst, dann haben Sie diesen Trumpf in der Hand und können ihn ausspielen, wann es Ihnen am besten passt. Sie werden sehen, das wird Ihnen gefallen!

Nach der Scheidung sind Sie wieder frei.

Freuen Sie sich darauf – es lohnt sich!

Phase 1: Die Trennung

Jetzt, nachdem die Trennung feststeht, sind Sie an einem Punkt angekommen, an dem es darum geht, Ihr neues Leben alleine, ohne Ihren bisherigen Ehepartner, neu aufzubauen und fortzuführen.

Sie sollten so schnell als möglich feststellen, ob Sie eine **Geld-Reserve** haben, über die Sie ganz persönlich verfügen können. Geld, auf das Sie selbst Zugriff haben und von dem Ihr Partner oder Ihre Partnerin am besten gar nichts weiß.

Das bedeutet keineswegs, dass Sie Ihren Noch-Ehepartner jetzt finanziell betrügen oder hintergehen. Es bedeutet lediglich, dass Sie anfangen, für sich selbst zu sorgen.

Sie alleine sind jetzt in dieser schwierigen Situation für Ihr eigenes Wohl verantwortlich.

Es ist jetzt, gerade jetzt und zwar jetzt sofort, von allergrößter Wichtigkeit, dass Sie dafür sorgen, dass es Ihnen auch weiterhin gut gehen kann.

Falls Sie also im Laufe ihrer Ehe ein kleines Häufchen Geld auf die Seite gespart haben, weil Sie immer wieder auf die Ausübung Ihres geliebten Hobbys verzichtet haben oder weil Sie einfach sparsam waren und das Geld nicht beim Shopping verprasst haben – dann freuen Sie sich!

Sie werden jeden Euro davon brauchen können in den knappen Zeiten, die Ihnen bevorstehen!

Bitte hüten Sie sich jedoch davor, das gemeinsame Konto extrem und auffällig zu plündern! Ihr/e Noch-Partner/in könnte zu Recht die Panik bekommen und die gesamte Lage könnte auf einen Schlag entgleisen.

Das wäre jetzt absolut keine gute Idee und das bisschen Restvertrauen, das vielleicht noch da ist, könnte sofort verpuffen. Das wollen Sie nicht wirklich, oder?

Nutzen Sie lieber in aller Stille die verbleibende gemeinsame Zeit, bevor es endgültig zum Bruch kommt und sparen Sie hier und da ein paar Euros weg, so gut es eben geht, ohne dabei Ihr Gegenüber wie ein hinterhältiger Bandit auszurauben.

Es geht nicht darum, Schaden anzurichten oder zu plündern, so viel es geht, sondern einzig und alleine darum, eine kleine bezahlbare Brücke für Sie zu finanzieren, die Sie in Ihre neue Heimat bringen kann.

Es muss keine zweispurige Straßenbrücke werden. Auch ein kleiner Holzsteg kann Sie sicher über den vor Ihnen liegenden Bach bringen.

Bleiben Sie fair.

Der Moment, in dem die endgültige Trennungsabsicht von einem der beiden Noch-Ehepartner ausgesprochen wird, kann für Sie oder Ihr Gegenüber regelrecht einen Schock darstellen. Daneben kann das endgültige "Aus" auch mit einem Gefühl der Erleichterung oder Erlösung verbunden sein.

Auf jeden Fall ist es ein entscheidender und auch kritischer Moment, der vieles für immer verändert.

In aller Regel begibt man sich in eine Ehe mit der Absicht, für immer zusammen zu bleiben – „bis dass der Tod uns scheidet". **Ein Bruch, der zur Trennung führt**, ist, selbst wenn lange Jahre mit Differenzen und Schwierigkeiten vorausgegangen sind, in den allermeisten Fällen ein Ereignis, das normalerweise im persönlichen Lebensplan nicht vorgesehen war.

Es ist sehr wahrscheinlich, dass sich mit dem Aussprechen der Trennungsabsicht sehr vieles ändert.

Das Gefühl, dass jetzt etwas ganz Schlimmes passiert ist, kann sich einstellen.

Es ist völlig normal, wenn Sie zuerst nicht wirklich wahrhaben wollen, was da gerade passiert ist, dass es Ihnen aber auch ein Stück weit klar ist, dass jetzt tatsächlich Ihre Ehe vorbei ist.

Sie werden aller Wahrscheinlichkeit nach verschiedenste Gefühle wahrnehmen. Es kann sein, dass Sie verunsichert sind, verwirrt und noch nicht wissen, wie Sie mit der neuen und vielleicht auch unerwarteten Situation jetzt umgehen sollen.

Ihre Gefühlslage kann ab jetzt für eine geraume Zeit absolut unausgeglichen sein. Das kann sich im Laufe der Wochen und Monate noch verschlimmern, so dass ihre Freunde und Bekannten sehr schnell merken „wie schlecht Sie drauf sind".

Es kann auch sein, dass es Ihnen buchstäblich „das Herz zerreißt" – trotz aller Probleme, die vielleicht vorausgegangen sind.

Es ist sehr wahrscheinlich, dass Sie und Ihr bisheriger Partner bzw. Partnerin versuchen werden, sich jetzt neu zu arrangieren. Wer bekommt welchen Abend frei in der Woche, wer passt auf die Kinder auf und wer darf ausgehen?

Auch der Aspekt „Geld" kann eine neue Dimension erhalten. Hatte man bisher vielleicht ein gemeinsames Konto, von dem sich beide ganz nach den Bedürfnissen und Möglichkeiten bedient haben, so wird es jetzt doch auch wichtig, die gemeinsamen Anteile des bisherigen Lebens zu trennen und auseinander zu dividieren.

Wer bekommt das Auto? Wer bleibt in der gemeinsamen Wohnung und wer wird wohl ausziehen?

Es kann sein, dass Sie das Gefühl haben, Sie müssten jetzt besonders vorsichtig sein oder dass es Ihnen in dieser Phase wichtig erscheint, möglichst wenig zu verändern, damit die Situation nicht völlig unkontrollierbar wird.

Es kann sein, dass Sie – falls Sie der Hauptverdiener in der Ehe sind – Ihr Gehalt auch erst einmal weiter auf das gemeinsame Konto laufen lassen, weil Sie befürchten, dass das Abschneiden vom gewohnten Geldfluss Ihr Gegenüber zu unkontrollierten Maßnahmen reizen oder zwingen könnte.

**Es wird völlig normal sein,
dass nichts mehr normal sein wird.**

Es gibt an dieser Stelle nur einen kleinen Trost:
Sie haben es in Ihrem Leben bis hierher geschafft, Sie werden es mit höchster Wahrscheinlichkeit auch noch weiter schaffen, selbst wenn sich jetzt vieles ändert.

Denken Sie bitte auch daran, dass ein Leben neben einem Partner, mit dem man in der letzten Zeit immer häufiger und immer deutlicher „Probleme“ hatte, zu Ende geht.
Jetzt wartet ein Neuanfang auf Sie, mit dem – wenn Sie es realistisch betrachten – eigentlich auch alles besser werden kann.

Sie erhalten jetzt die Chance, die Dinge, die bisher nicht so gut funktioniert haben, aus Ihrem Leben zu entfernen und alles neu zu ordnen – nach Ihren eigenen Vorstellungen.

Es hat, so wie alles auf dieser Welt, auch die Trennung vom bisherigen Ehepartner, Vor- und Nachteile.

Die Vorteile überwiegen. Sie werden es sehen und erkennen – wenn es vorbei ist.

Wie auch immer sich die Situation jetzt während der beginnenden Trennungsphase für Sie entwickelt – versuchen Sie, Sie selbst zu bleiben.

Tun Sie die Dinge so, wie sie Ihnen richtig erscheinen. Bleiben Sie ein Mensch. Handeln Sie so weit als möglich so, dass Ihr Gegenüber es nachvollziehen und auch verstehen kann, warum Sie so und nicht anders handeln.

Noch dürfte ein kleiner Rest an Vertrauen da sein. Erhalten Sie diesen Rest so lange und so gut es geht.

Auch in dieser ungewohnten Phase kann es sein, dass einer von beiden noch eine etwas größere Investition machen möchte. Vielleicht gibt es gerade jetzt eine günstige Gelegenheit „wichtige Arbeitsmaterialien oder Geräte“ extrem günstig zu kaufen. Gerade jetzt, wo völlige Unklarheit darüber herrscht, wie das Geld künftig aufgeteilt werden soll.

Und normal wäre es dabei auch, wenn der Betrag für einen alleine zu hoch ist, also nur mit dem gemeinsamen Geld aufzubringen ist. Das Leben spielt einfach so – das haben Sie sicher auch schon öfter miterlebt.

Was tun?

Auf jeden Fall sollten Sie miteinander über die gewünschte Anschaffung sprechen. Auf keinen Fall sollten Sie einfach etwas Teures kaufen und so tun als wäre alles in Ordnung.

Am besten denken Sie darüber nach, was Sie tun würden, wenn die Ehe noch intakt wäre – und dann reden Sie miteinander.

Falls Ihr/e Noch-Partner/in etwas kaufen möchte, mit Ihrer finanziellen Unterstützung, dann denken Sie bitte daran, dass Sie es trotz aller Schwierigkeiten mit einem Menschen zu tun haben, den Sie wahrscheinlich einmal geliebt haben.

Seien Sie auch für den Gedanken bereit, dass Sie hier eventuell Geld investieren, das Sie nicht zurück bekommen werden.

Und falls Ihnen dieser Gedanke schon von alleine gekommen ist, dann denken Sie bitte auch daran, dass es in unserem Universum tatsächlich eine Alles ausgleichende Gerechtigkeit gibt!

Das bedeutet nach den geistigen Gesetzen, die absolut ihre Gültigkeit haben, dass Sie das Geld, das Sie hier aus Liebe oder aus Großzügigkeit oder einfach, weil Sie Ihrem Gegenüber noch einen letzten Gefallen tun möchten, investieren, in irgend einer Form zurück bekommen werden.

An dieser Stelle sollte ein kurzer Hinweis auf das „positive Denken" eingeschoben werden.

Wenn man ganz aufmerksam das Leben beobachtet, dann wird man feststellen, dass Gedanken immer die Tendenz haben, sich zu verwirklichen.

Sie kennen sicher diese Sätze hier: „Das habe ich mir gleich gedacht!" „Das hat ja so kommen müssen!" „Das war mir klar, dass das nicht funktioniert!" „Ich hab's ja gewusst – bei mir geht sowieso immer alles schief!"

Gedanken werden Wirklichkeit. Immer. Ob Sie es nun glauben oder nicht – es ist ein „Naturgesetz".

Wenn ein einzelner Mensch einen klaren Gedanken fasst und sich darin absolut sicher ist, dann wird sich dieser Gedanke realisieren – sofern nicht andere Menschen mit anderen Gedanken entgegenwirken.

In Ihren eigenen Gedanken liegt damit auch eine große Chance für Sie!

Nehmen Sie die Sätze von oben, die alle eher pessimistisch oder negativ formuliert sind und polen Sie Ihre eigene Wirklichkeit so um, dass Sie einen unbezahlbaren Vorteil daraus ziehen können.

Denken Sie für sich also lieber folgendes: „Ich weiß, dass es funktioniert!" „Ich habe ein gutes Gefühl dabei. Ich meine, das wird gut gehen. Und falls nicht, dann wird es schon einen Sinn haben, dass es anders kommt." „Bisher hat sich für mich immer alles positiv entwickelt, auch wenn es zuerst schlimm ausgesehen hat." „In meinem Leben passieren nur Dinge, die mich weiter bringen. Auch wenn es für mich jetzt enorme Herausforderungen sind – das Leben unterstützt mich dabei, dass ich es schaffe. Und zwar in dem Maße, in dem ich es zulasse!"

Machen Sie Ihre eigenen Versuche. Falls Sie das mit dem positiven Denken noch nicht kennen – lassen Sie sich überraschen. Ich drücke Ihnen die Daumen, dass Sie möglichst schnell herausfinden, wie das geht.

Seien Sie sich immer bewusst: Ihre Gedanken werden sich im Einklang mit den Gedanken der anderen Menschen immer realisieren wollen!

Ob das zu Ihrem Schaden oder zu Ihrem Nutzen sein wird, hängt alleine davon ab, welche Art von Gedanken (negativ oder positiv) Sie für sich selbst aussenden!

Sie werden nur dann positive Ergebnisse erlangen, wenn Sie auch mit Ihren Gedanken wirklich und tatsächlich bereit sind, daran zu glauben und es eintreten zu lassen.

Lernen Sie, sich bewusst darüber zu sein, was Sie tatsächlich glauben!

Wir kennen alle die Glückspilze, die mehr als einmal in ihrem Leben im Lotto gewinnen. Sie werden feststellen, dass alle diese Glücklichen ohne inneren Zweifel gespielt haben und auch mehr oder weniger daran geglaubt haben, dass sie es echt schaffen können, zu gewinnen.

Nun aber zurück zur Trennung.

Zu Beginn wird die Trennung wohl noch in der gemeinsamen Wohnung stattfinden. Es kann gut sein, dass Sie noch gemeinsam am Esstisch sitzen und dass ansonsten beide immer mehr einen eigenen Weg gehen.

Auch der Gedanke an einen neuen Partner könnte bereits auftauchen. Häufig ist auch bereits ein neuer Partner mit im Spiel. Das macht die Situation noch ein wenig mehr „unkalkulierbar und schwierig“.

Nicht selten sprechen diese neuen Partner auch bei wichtigen Dingen, die ihn oder sie überhaupt nichts angehen, bereits mit. Sie haben jetzt möglicherweise ein 2:1 Verhältnis gegen sich, wenn es um wichtige Entscheidungen geht.

Es mag auch sein, dass der neue Partner sich bereits Zugang zur bisher gemeinsam bewohnten Immobilie verschafft hat und gemeinsam mit Ihnen und Ihren Kindern am Frühstückstisch sitzt, nachdem er oder sie die Nacht mit Ihrem Noch-Ehepartner zusammen im Bett verbracht hat.

Es kann sich für Sie – auch wenn Sie die Trennung mit dem Verstand bereits akzeptiert haben – auf der Gefühlsebene ein unbeschreiblicher seelischer Druck aufbauen, verursacht durch Verzweiflung, Hilflosigkeit, Wut und Ausweglosigkeit.

Falls Sie sich in so einer Lage wiederfinden, dann wünsche ich Ihnen alle Kraft der Welt.

Es ist sehr gut möglich, dass Sie mit Ihrem Gegenüber, Ihrem Noch-Ehepartner, gewisse Freiheiten und Pflichten vereinbaren und dass Sie feststellen, dass immer dann, wenn Sie Ihre Freiheiten einmal nicht bis an die definierte Grenze ausnutzen, Ihr Gegenüber diese Freiheiten für sich selbst nutzen will.

Meist wird es derjenige von beiden, der schon bisher in der Ehe geglaubt hat, die Hosen anzuhaben, sein, der versuchen wird, den Anderen schwach aussehen zu lassen. Sie werden sehr schnell merken, wie sich die Lage für Sie persönlich anfühlt.

Sehen Sie es als völlig normal an, dass irgendwann einmal das dringende Bedürfnis auftauchen wird, die bisher gemeinsame Wohnung zu verlassen.

Einer von beiden wird gehen.

So lange Sie noch unter einem gemeinsamen Dach wohnen, denken Sie bitte daran, dass Sie von allen wichtigen Unterlagen und Dokumenten Kopien für Ihren eigenen Gebrauch anfertigen!

Hierbei kann alles wichtig sein, was mit Finanzen und Geld zu tun hat.

Gibt es Dokumente über Kontostände, Schuldenstände, die Anschaffung einer gemeinsamen Immobilie und deren Finanzierung, Kapitalversicherungen, sonstige wichtige Verträge, Dokumente, die den Wert der Kraftfahrzeuge anzeigen, Sparbücher, Urkunden usw.?

Spätestens „wenn der Krieg ausbricht" werden diese Kopien und die nackten Zahlen auf den Dokumenten für Sie möglicherweise wichtig werden. Auf alle Fälle kann es nur von Vorteil sein, wenn Sie die finanzielle Gesamtsituation zu allen möglichen Zeiten der Ehe möglichst genau kennen.

Wer hatte was zu Beginn der Ehe? Wie hat sich das gemeinsam erwirtschaftete Vermögen entwickelt? Wie sieht die Situation heute aus?

Alles, was mit Geld und Eigentum zu tun hat, ist jetzt wichtig. Machen Sie sich Ihre Kopien, bevor Sie ausziehen.

Bitte auch hier nicht plündern und rauben. Lassen Sie das, was bisher im Zugriff Ihres Partners war, an seinem Platz.

Kopieren Sie alles, was für Sie wichtig ist und stellen Sie es danach wieder zurück an den gewohnten Platz.

Damit vermeiden Sie wieder die schon erwähnte „Panik" und erhalten darüber hinaus den unschätzbaren Vorteil eines „Überraschungseffektes", wenn Ihr Gegenüber im Laufe des Gefechtes plötzlich feststellen muss, dass Sie die korrekten Zahlen haargenau kennen, obwohl Sie keine Unterlagen mitgenommen haben.

Ja – Sie dürfen dieses Gefühl der Überlegenheit durchaus genießen. Sie werden dafür ja ohnehin Unsummen an Ihren Anwalt bezahlen, sofern Sie keine Prozesskostenhilfe erhalten.

Falls der Krieg tatsächlich ausbricht – das wollen wir nicht hoffen, kann aber durchaus passieren – dann ist eines absolut klar:

Streiten kostet Geld!

Demnach sollten Sie den Streit vermeiden, so lange das für Sie akzeptabel ist.

Nehmen wir an dieser Stelle einmal an, Sie haben jetzt den Entschluss gefasst, den **Auszug** aus der bisher gemeinsamen Wohnung tatsächlich durchzuführen.

Sie werden sich mit Sicherheit die Frage stellen: „Wo ziehe ich hin?" Die Antwort darauf können Sie sich nur selbst geben. Bedenken Sie, dass die Wahrscheinlichkeit sehr hoch ist, dass es nur eine **Übergangslösung** sein wird, eine erste Zuflucht. Allerdings ist jeder Umzug auch mit Aufwand verbunden und Sie sollten nur an einen Ort umziehen, von dem Sie sich auch vorstellen können, dass es Ihnen dort gefallen wird. Sie wollen sich ja an Ihrem neuen Wohnort auch wohlfühlen. Und auch wenn es Ihnen jetzt noch wie ein Exil vorkommt – es darf dort durchaus schön für Sie sein!

Besuchen Sie doch bei Gelegenheit auch mal die Insel Elba und sehen Sie sich das Haus an, in dem Napoleon sein Exil verbracht hat. Dann werden Sie es verstehen!

Sie selbst sind immer noch der wichtigste Mensch in Ihrem Leben und sollten deshalb immer darauf achten, dass Sie auch gut mit Sich selbst umgehen.

Ein angenehmes neues Zuhause sollte hierbei für Sie eine Selbstverständlichkeit sein.

Ganz klar, dass Sie auch hier die persönliche finanzielle Lage mit berücksichtigen müssen und dass hier jeder einzelne Fall völlig unterschiedlich aussehen wird.

Vielleicht haben Sie die letzten Jahre gemeinsam in einer Eigentumswohnung gelebt oder sogar in einem eigenen Haus, wobei Sie hier jeden Monat fleißig die Schulden abbezahlt haben, um irgendwann einmal im Alter glücklich und ohne Sorgen mietfrei wohnen zu können.

Falls ja, dann wäre es durchaus verständlich, dass Sie sofort wieder in ein Eigenheim ziehen möchten.
Glauben Sie mir bitte – dafür ist es jetzt in aller Regel noch zu früh.

Sie stehen jetzt vor dem Auszug. Die Unterhaltsfrage ist in diesem Stadium wahrscheinlich noch nicht geklärt, die Scheidung ist wohl ebenfalls noch nicht durchgeführt und möglicherweise waren Sie noch nicht einmal beim Anwalt für ein erstes Beratungsgespräch.

Ein Eigenheim werden Sie mit größter Wahrscheinlichkeit nicht ohne Kredit finanzieren können.

Und in dieser Phase wird die Bank von Ihnen konkrete Zahlen erwarten und Sie zum Anwalt schicken, um diese Zahlen ausrechnen zu lassen. Jetzt einen Kredit zu bekommen, damit Sie in Ihr neues Häuschen ziehen können, wird wohl nicht so ohne Weiteres funktionieren.

Und ob Sie in diesem immer noch relativ frühen Stadium des totalen Zusammenbruchs tatsächlich schon zum Anwalt rennen möchten dürfte fraglich sein. Immerhin riskieren Sie dadurch eine unbeherrschbare Eskalation der ohnehin schwer einzuschätzenden Situation.
Möglicherweise werden Sie in dieser Phase eine direkte Konfrontation mit Rechtsanwälten eher noch vermeiden wollen. Zumindest dann, wenn Sie ein sensibler und rücksichtsvoller Mensch sind.

Nehmen Sie es gelassen.

Suchen Sie sich eine freundliche Mietwohnung als Übergangslösung und fechten Sie dann zuerst einmal Ihre Scheidung durch.

Wenn alles geregelt ist, dann haben sie viel bessere Informationen darüber, wie Ihr neues Leben aussieht, um sich dann hierfür passend eine längerfristige Bleibe zu suchen.

Sie werden sehen, das macht Sinn.

Bei der Wahl Ihrer neuen Bleibe sollten Sie in jedem Fall auch bedenken, ob die neue Wohnung zu Ihrer bisherigen oder neuen Arbeitsstelle passt. Wie sind die Entfernungen? Wie hoch sind die Kosten für die notwendigen Fahrten und wie viel Zeit müssen Sie hierfür von der neuen Wohnung aus aufwenden?

Dann sollten Sie auch bedenken, wie weit Ihr neues Zuhause von Ihrer bisherigen Wohnung entfernt ist.

Falls Sie gemeinsame Kinder haben und Sie diese regelmäßig am Wochenende zu sich holen möchten, dann fahren Sie diese Strecke jeweils vier mal um Ihre Kinder einmal zu holen und wieder zurück zu bringen. Denken Sie an die Spritpreise und an die Fahrzeit für die einzelnen Touren und bleiben Sie, falls möglich, relativ nah bei Ihren Kindern.

Dennoch empfiehlt sich auch ein gewisser Sicherheitsabstand zu Ihrem/Ihrer Ex-Partner/in, damit Sie nicht ständig mit der Vergangenheit konfrontiert werden, sondern Ihr Alleinsein auch nutzen können, um ein neues Leben anzufangen.

Ist die neue Wohnung sauber und gepflegt? Es muss keine Luxuswohnung sein, aber eine Absteige sollten Sie ebenfalls nicht annehmen. Es kann gut sein, dass Sie, wenn alles gut verläuft, trotz allem zwei Jahre oder länger in dieser neuen Wohnung leben werden. Je angenehmer und leichter das für Sie ist, um so besser!

Egal, wie Sie es machen – es sollte sich für Sie „gut anfühlen". Nur dann sollten Sie den Mietvertrag auch unterschreiben.

Sie erinnern sich sicher noch an das Thema **Geld-Reserve**, ja?

Wenn Sie Ihre neue Mietwohnung gefunden haben, dann brauchen Sie üblicherweise eine **Kaution** in Höhe von zwei bis drei Kaltmieten und Sie werden möglicherweise auch **Möbel** brauchen. Eine Geld-Reserve wird hier sehr hilfreich sein.

Möbel bekommt man heutzutage auch häufig mit einem zinslosen Kredit. Empfehlenswert ist es, eine einmalige Aktion zu starten, bei der Sie in ein günstiges Möbelhaus Ihrer Wahl fahren, alle wichtigen Möbel in einem Schwung bestellen, um sich dann alles auf einmal liefern zu lassen.

Bitte denken Sie daran, dass Sie sorgfältig abwägen zwischen dem, was Ihnen gut gefällt, dem Preis, den die Möbel kosten sollen (oder kosten dürfen!) und die monatliche Rate, die sich hieraus ergibt. Versuchen Sie, die monatliche Rate so gering als möglich zu halten!

Niemand wird Ihnen einen finanziellen Vorteil anrechnen, wenn Sie mehr ausgeben als unbedingt nötig oder als Sie sich unter diesen Umständen leisten können.

Wenn Sie sich jetzt akzeptable günstige Möbel kaufen, bleibt Ihre finanzielle Belastung möglichst gering und Sie können sich später auch wieder um so leichter von den billigen Stücken trennen. Wenn Sie dann nach der ungewissen Zeit der Scheidungsphase wieder zu Geld gekommen sind, können Sie sich ja auch noch die Designer-Möbel holen, die Sie sich schon immer gewünscht haben. Ich denke, Sie wissen, wie das gemeint ist.

Viel Spaß beim Shopping im Möbelhaus!

Und bitte bedenken Sie auch, ob Sie wegen eines einzelnen Möbelstückes, das heute gerade nicht im Lager ist, wirklich volle sechs Wochen auf Ihre Küche warten wollen, wenn ansonsten alle anderen Möbel ab Lager sofort verfügbar wären.

Möbelhäuser liefern gerne – um unnötige Kosten zu sparen – die Bestellung mit einer einzigen Fahrt an ihre Kunden aus und alle verfügbaren Möbel warten dann eben so lange im Lager, bis das einzelne fehlende Möbel, das nachbestellt werden musste, endlich auch noch im Lager ankommt.

Streichen Sie besser das nicht vorrätige Möbel sofort von der Bestellung und gehen Sie hier keine Kompromisse ein. Sonst haben Sie später tolle Geschichten zu erzählen, wie die Logistik bei Möbelhäusern funktioniert, wenn ein kleiner Schrank extra bestellt werden muss, die gesamte Auslieferung dadurch wochenlang stockt und das fehlende Stück letztlich auch noch an das falsche Möbelhaus geschickt wird. Ersparen Sie sich das lieber!

Nehmen Sie, wenn möglich, Möbelstücke, die im Lager vorrätig sind und die auch in kurzer Zeit an Sie ausgeliefert werden können.

Bevor Sie umziehen denken Sie bitte daran, zu welchem Termin Sie Ihren neuen Telefonanschluß schalten lassen möchten, damit Sie wenigstens mal jemanden anrufen können, wenn Ihnen die Decke auf den Kopf fallen sollte, oder wenn Sie wichtige Dinge zu klären haben – mit Versicherungen, Ihrer Bank oder mit Ihrem Anwalt. Auch das Stellen eines Nachsendeantrags bei der Post kann sinnvoll sein!

Sind Sie nun in Ihr neues Übergangs-Zuhause eingezogen, wird wohl auch noch nicht alles perfekt sein. Vermutlich haben Sie noch nicht alle Möbel und sitzen vielleicht auf einem Schlafsack vor dem Fernseher.

Es mag sein, dass noch vieles unvollkommen ist, aber immerhin haben Sie mit dem Auszug den ersten wichtigen Schritt in Ihre neue Freiheit getan!

Phase 2: Die Übergangsphase

Gehen wir im Folgenden davon aus, dass Sie die Trennung bereits durchgeführt haben, die Scheidung aber noch nicht.

Lassen Sie uns diese Phase als die **Übergangsphase** bezeichnen und betrachten wir, was für Sie nun in dieser Zeit von Bedeutung sein könnte oder wichtig wird.

Sofern Sie jetzt, in Ihrer neuen „Einsamkeit" **gute Freunde** haben, wird Ihnen das ganz bestimmt sehr hilfreich sein! Bedenken Sie aber bitte dabei, dass nun eine Zeit für Sie anbricht, in der es auch darauf ankommt, dass Sie das eben Erlebte für sich selbst – also alleine – aktiv verarbeiten.

Suchen Sie nach einem guten Ausgleich zwischen Ablenkung und bewusstem Erleben der jetzt vorherrschenden Situation.

Um die Trennung von Ihrem/Ihrer bisherigen Partner/in zu verarbeiten ist es sehr sinnvoll, die Gefühle, die in Ihnen hochkommen, bewusst wahrzunehmen, zuzulassen und zu „verdauen".

Gehen Sie – falls nötig – in den Schmerz hinein und so gut als möglich auch „durch den Schmerz hindurch".

Sie werden sehen, wenn Sie Ihre Gefühle zulassen und sich Ihnen stellen ohne davor wegzulaufen, dann kann das sehr, sehr weh tun, aber sie werden als neuer und freier Mensch aus dieser Situation herausgehen.

Den Vorgang, sich auf die eigenen Gefühle einzulassen, darauf zuzugehen und sie ganz bewusst zu verarbeiten, nennt man **Katharsis**. Es lohnt sich durchaus, sich darauf einzulassen!

Ihre Freizeit sollten Sie mit Tätigkeiten verbringen, die Ihnen **Entspannung und Freude** bereiten. Es können bis zu Ihrer Scheidung noch eine ganze Menge an Schwierigkeiten auf Sie zukommen, mit denen Sie jetzt noch gar nicht rechnen.

Nutzen Sie daher so gut als möglich Ihre Gelegenheiten, sich selbst **positive Erlebnisse** zu verschaffen, aus denen Sie Kraft und Energie schöpfen können für die noch vor Ihnen liegenden Herausforderungen.

Sollten Sie jetzt bereits daran denken, sich eine/n neue/n Partner/in zu suchen, so kann das für Sie durchaus eine gute Idee sein. Es gibt hier kein Pauschalrezept.

Stellen Sie sich hierbei nur die eine Frage: Sind Sie wirklich schon bereit, eine neue Partnerschaft einzugehen und auch wieder zu vertrauen?

Und falls ja, tun Sie es um sich abzulenken und um vor Ihrer Vergangenheit zu flüchten? Scheuen Sie vielleicht nur die Einsamkeit und das Alleine sein oder tun Sie es, weil Sie einfach lieber zu zweit sind und weil Sie mit Ihrem/Ihrer Ex ohnehin schon gefühlsmäßig abgeschlossen haben?

Wann genau der beste Moment ist, sich auf eine neue Partnerschaft einzulassen, können nur Sie selbst beurteilen. Handeln sie nach Ihrem Gefühl und achten Sie ganz besonders darauf, dass es sich für Sie selbst immer „gut und richtig“ anfühlt.

Sollten Sie Zweifel haben oder sich unwohl fühlen, ziehen Sie sich besser noch eine Weile zurück. Vermeiden Sie es in jedem Fall, dass in Ihrer neuen Beziehung in irgend einer Weise „Druck“ auf Sie ausgeübt wird. Das können Sie jetzt wirklich nicht brauchen!

Unterstützung durch eine/n neue/n Partner/in? „Ja, gerne“. Aber immer so, dass es sich für Sie gut anfühlt. Alles Andere raubt Ihnen nur die Kraft, die Sie jetzt ganz besonders für sich selbst brauchen. Verhindern Sie das, so gut es geht!

Egal, wie Ihr/e Ex-Partner/in mit Ihnen umgegangen ist, akzeptieren Sie, dass Sie ein wertvoller Mensch sind, der mit Respekt und Achtung zu behandeln ist.

Niemand hat das Recht, Sie zu kritisieren oder zu beschimpfen oder in irgend einer anderen Art und Weise schlecht zu behandeln, solange Sie selbst sich im Spiegel in die Augen sehen können.

Erlauben Sie sich, gewisse Freiheiten zu behalten, auch wenn sich ein/e neue/r Partner/in in Ihrem Leben einfindet!

Es ist ganz besonders wichtig, dass Sie selbst optimal auf Ihr Wohl achten und Angriffe oder Unterdrückungen jeder Art abwehren und von sich selbst fernhalten.

Oder mit anderen Worten: Bleiben Sie in Ihrer eigenen Energie und entscheiden Sie selbstbewusst und klar nach Ihrem eigenen Gefühl und Verstand, was immer Ihnen für sich selbst als richtig erscheint.

Sie sind nur sich selbst gegenüber verantwortlich – aber das voll und ganz!

Ein weiterer, ganz wesentlicher Punkt, der nach der Trennung in der Übergangsphase auf jeden Fall auch noch auftreten kann, ist die **Frage nach der finanziellen Auftrennung**.

Gab es bisher ein gemeinsames Konto von dem sich beide Partner mehr oder weniger gleichberechtigt bedient haben, so wird auch dieser Zustand früher oder später im Laufe der Übergangsphase ein natürliches Ende finden.

War einer der beiden bisherigen Partner der oder die Hauptverdiener/in gewesen und entschließt sich nun dazu, das Gehalt auf ein **Neues Konto** umzuleiten, so bedeutet das gleichzeitig auch eine finanzielle Umstellung für den bisherigen anderen Partner.

Es kann zur finanziellen Unsicherheit und sogar zur finanziellen Not kommen, wenn das bisher gemeinsame Gehalt nicht mehr beiden zur Verfügung steht.

Soll in diesem Moment der Gang zum Anwalt vermieden werden, so ist auf jeden Fall irgendeine Form von finanzieller Unterstützung oder Trennungsunterhalt für die/den finanziell Schwächere/n sinnvoll oder auch notwendig.

Sind Sie der/die Betrogene in der bisherigen Beziehung und gleichzeitig bisheriger Hauptverdiener gewesen, dann fällt es Ihnen vielleicht schwer, sich mit dem Gedanken einer Unterhaltszahlung an den/die Ex-Partner/in anzufreunden.

Ganz gleich, wie sie persönlich darüber denken, ein gewisser finanzieller Ausgleich untereinander für die Dauer des Trennungsjahres ist in jedem Fall gesetzlich vorgesehen und durchaus auch sinnvoll.

Betrachten Sie die bisherige gemeinsame Ehezeit ruhig als kleines Familienunternehmen, bei dem sich nun die beiden gleichberechtigten Geschäftspartner voneinander trennen.

Der eine Partner war vielleicht bisher dafür zuständig, das Geld zu besorgen – in der Regel durch das Ausüben eines Berufes, wohingegen der andere Partner sich möglicherweise mehr den organisatorischen Aufgaben gewidmet hat, wie zum Beispiel Kochen, Putzen, Kinder betreuen, Einkaufen, Ratschen und Kaffeetrinken, usw.

Auch wenn es auf den ersten Blick so scheinen mag, dass der Gehaltsempfänger „sein Geld" für sich beanspruchen darf, so sind die Tätigkeiten des anderen Partners bis zum Abschluss der Übergangsphase, also bis zur Scheidung durch den Richterspruch, als **absolut gleichwertig** zu betrachten – auch wenn es Ihnen im Moment schwer fällt, das so ohne Weiteres zu akzeptieren.

Es waren zwei gleichberechtigte Geschäftsführer, kann man sagen – bis das Unternehmen an die Wand gefahren wurde.

Bei der Trennung zweier gleichberechtigter Partner geht der Gesetzgeber zu Recht davon aus, dass der finanziell schwächere Partner eine gewisse Unterstützung erhalten sollte, bis er genügend Zeit hatte, sich selbst finanziell wieder auf die eigenen Beine zu stellen.

Im Allgemeinen bezeichnet man die nun erfolgenden Unterhaltszahlungen auch als „**Trennungsunterhalt**".

Der Trennungsunterhalt ist bis zur Scheidung – in der Regel für circa ein Jahr (Trennungsjahr) zu bezahlen.

Um den Trennungsunterhalt zu berechnen gibt es relativ einfache Formeln, wobei die konkreten Zahlen durchaus oft Diskussionsstoff beinhalten.

Der, der geben soll, wird wohl die Zahlungen für zu hoch halten und der, der bekommen soll, wird sie für zu niedrig erachten. Hier gilt es, sich irgendwie zu einigen – entweder friedlich oder eben mit Hilfe von Anwälten und Gericht.

Bevor Sie mit Ihren eigenen Zahlen jonglieren, ein kleiner Hinweis vorab: Es gibt immer wieder gesetzliche Änderungen. Auch Gesetzesänderungen, die sich auf die Höhe des Trennungsunterhalts beziehen, können jederzeit in Kraft treten.

Informieren Sie sich daher bitte für Ihren Fall ganz aktuell und individuell selbst. Im Internet sind hierzu sehr gute Informationen zu finden, manchmal allerdings auch welche, die sich widersprechen.

Wenn Sie ein wenig recherchieren, bekommen Sie bald einen eigenen Eindruck von der gesamten Sachlage rund um Trennung, Scheidung und Unterhalt. Verbleibende Unklarheiten oder offene Fragen kann Ihnen auch ein Anwalt in einem Beratungsgespräch sicher gut erklären.

Dennoch können auch in diesem Buch ein paar grundlegende und wichtige Rahmenbedingungen vermittelt werden.

Ist der Unterhaltspflichtige **Alleinverdiener**, so stehen dem anderen Ehepartner derzeit 3/7-tel des anrechnungsfähigen Nettoeinkommens zu.

Praktisch bedeutet das: Nettoeinkommen abzüglich Krankenversicherungskosten, abzüglich 5% pauschal für berufsbedingte Aufwendungen sowie abzüglich vorhandener Darlehenskosten für das gemeinsame Haus usw. ergibt das bereinigte oder anrechnungsfähige Nettoeinkommen.

Wem das jetzt zu schnell war, für den folgt hier eine kleine Beispielrechnung, damit der Berechnungsvorgang im Wesentlichen einmal deutlich wird.

Beispielrechnung – Trennungsunterhalt:

Monatliches Netto:	2500	Euro
– Private Krankenversicherung:	500	Euro
– 5% berufsbedingte Aufwendungen:	100	Euro
(5% Pauschalbetrag, maximal 150 Euro)		
– Darlehen:	500	Euro
Verbleibt als „Anrechenbares Netto“:	1400	Euro

Dem Ehe-Partner ohne eigenes Einkommen stehen damit rein rechnerisch 3/7-tel von 1400 Euro, also 600 Euro, zu.

Jetzt greift allerdings noch die Sonderregel „Selbstbehalt“!

1000 Euro Selbstbehalt ist der Mindestbetrag, der dem Unterhaltspflichtigen in jedem Fall verbleiben darf oder soll.

In unserem Beispiel bedeutet das, dass der Ehe-Partner ohne eigenes Einkommen somit nur 400 Euro Unterhalt bekommen wird. (Oder noch weniger, da es auch Sonderregelungen gibt, die unter bestimmten Umständen den Selbstbehalt ein wenig erhöhen können!)

Wird jetzt auch noch Unterhalt für die Kinder fällig, werden diese vorrangig bedient und es verbleiben nochmals weniger als 400 Euro oder gar überhaupt nichts mehr.

Sie sehen – bei dieser relativ einfachen Rechnung über den großen breiten Daumen ist sehr leicht erkennbar, dass es ein kleiner Vorteil ist, selbst Geld zu verdienen.

Vergleichen Sie selbst: 1000 Euro Selbstbehalt bleiben dem Selbst-Verdiener fürs Arbeiten gegenüber etwa 400 Euro (mit Glück!) für den Unterhaltsempfänger fürs Nichtstun.

Im Vergleich zu dem bisher gewohnten gemeinsam genutzten Einkommen sieht das meist schon recht schmal aus.

Unterhalt für gemeinsame Kinder:

Der Unterhalt für die gemeinsamen Kinder wird üblicherweise auf der Basis der sogenannten „**Düsseldorfer Tabelle**" berechnet, die regelmäßig vom Oberlandesgericht Düsseldorf an die aktuelle Wirtschaftslage angepasst wird.

Mit anderen Worten: Das anzurechnende Netto wird wieder als Berechnungsgrundlage genommen, dann schaut man in der Düsseldorfer Tabelle unter dem Alter des jeweiligen Kindes nach und kann dort den Betrag ablesen, der monatlich als Kindesunterhalt fällig wird.

Üblicherweise steigt das Kindergeld regelmäßig um ein paar Euro. Da das Kindergeld rein rechnerisch beiden Elternteilen zusteht, kann der Unterhaltspflichtige den halben Kindergeldbetrag als „bezahlt" abziehen, sofern der andere Ehe-Partner das volle Kindergeld auf dessen Konto von der Familienkasse ausgezahlt bekommt.

Das klingt jetzt alles einigermaßen kompliziert. Da es beim Unterhalt im Wesentlichen darum geht, einen genauen Betrag zu ermitteln, der von beiden Ex-Partnern als gültig und richtig akzeptiert wird, möchte ich Sie auch hier bitten, für sich persönlich und individuell die Berechnungen durchzuführen – auf der Grundlage der dann aktuell geltenden Zahlen.

Die „Düsseldorfer Tabelle“ finden Sie ganz leicht im Internet und haben damit immer den aktuellen Stand zur Verfügung.

Viel Glück bei denn Verhandlungen mit Ihrem/Ihrer Ex-Partner/in!

In unserem Rechenbeispiel von oben würde für ein 10-jähriges Kind Unterhalt in Höhe von 364 Euro anfallen (Düsseldorfer Tabelle von 2011 – Nettoeinkommen unter 1500 Euro).

Die 400 Euro gehen damit zum größten Teil an das Kind und nur der Rest hiervon geht dann an den Noch-Ehe-Partner. In der Praxis geht beides aber oft auf das selbe Konto und wie es dann tatsächlich genutzt wird, kann niemand so ganz genau kontrollieren.

Hier bleibt dem Unterhaltspflichtigen nur, die gesetzlichen Rahmenbedingungen zu kennen, den passenden Betrag auszurechnen und dann zu überweisen.

Bezieht auch der andere Noch-Ehe-Partner ein eigenes Einkommen, so wird auch dieses mit in die Gesamtrechnung einbezogen. Also alles in einen Topf, Differenzbetrag ausrechnen, Selbstbehalt abziehen und den Rest dann überweisen.

Okay? Wenn Sie jetzt schnell zum Spiegel laufen und reinschauen sehen Sie ein ganz typisches Gesicht, wie es schon sehr viele vor Ihnen gemacht haben, wenn es um solche Berechnungen geht. Nehmen Sie's gelassen.

Falls Sie sich mit Ihrem Ex-Partner auf gemeinsame Zahlen einigen können – sehr gut!

Falls Sie sich nicht einigen und jeder von beiden über einen Anwalt kämpft, dann bekommen Sie zwei unterschiedliche Berechnungen, die in der Regel erst vor dem Richter endgültig entschieden werden.

Ein finanzielles Gleichgewicht herzustellen, mit dem beide einverstanden sind, kann zur Herausforderung werden. Aber auch diese Phase wird vorüber gehen. Irgendwann haben Sie die genauen Zahlen vorliegen – entweder selbst berechnet, im gemeinsamen Einverständnis oder über einen Richterspruch.

Bleiben Sie aufmerksam für die Gesamtsituation und gehen Sie ruhig und verantwortungsbewusst damit um. Vermeiden Sie, so lange es geht, die Eskalation über die Anwälte, aber seien Sie auch bereit, sich zu wehren, falls Ihr/e Ex-Partner/in den Schritt zum Anwalt vollzieht oder falls Sie selbst nicht das bekommen, was Sie dringend benötigen und was Ihnen auch gesetzlich zusteht.

Sie sehen – nach der offiziellen Trennung oder auch nach dem Auszug gibt es noch viele Dinge, die zu regeln sind, bevor die Trennung beider Ex-Ehepartner wirkungsvoll umgesetzt ist.

So kann es durchaus auch eine Möglichkeit sein, jetzt in der Übergangsphase den Versuch einer „**Mediation**“ zu wagen.

In der Mediation begibt man sich gemeinsam mit der/dem Ex-Partner/in zu einem Mediator oder einer Mediatorin, um auf friedlichem Wege zu einer Einigung zu kommen.

Zu Beginn wird festgestellt, welche Bedürfnisse und Wünsche jeder der beiden Partner, bzw. Ex-Partner – so viel Zeit muss sein – hat.

Auf diese Weise möchte man ein gegenseitiges Verständnis erreichen. Und auch alleine die Tatsache, dass beide zu einer abgesprochenen Uhrzeit an einen bestimmten Ort kommen, um dort mit Hilfe einer vermittelnden Person miteinander (oder auch übereinander) zu sprechen, ist ein positiver Versuch, die Kommunikation aufrecht zu erhalten.

Wir sind uns dabei immer bewusst, dass durch die Trennung ein massiver Riss in der Vertrauensbasis der beiden Ex-Partner oder Noch-Ehepartner entstanden ist. Jeder Versuch, das noch verbliebene Vertrauen vorsichtig auszuloten, zu bewahren und zu nutzen, darf als äußerst sinnvoll betrachtet werden.

Wir erinnern uns: Streiten kostet Geld!
Mediation kostet auch Geld – aber um Dimensionen weniger.

Es ist möglich, im Verlauf der Mediation einen Vertrag auszuarbeiten, der dann genau regelt, wie der gemeinsame Reichtum aufgetrennt werden soll, wer für die Kinder sorgt, oder wie alle organisatorischen Rahmenbedingungen aussehen sollen.

Weitere Themen können sein, wer an wen wie viel Unterhalt zahlen wird und wie zum Beispiel die Finanzen und das Wohnrecht rund um das gemeinsame Haus aussehen sollen.

Der Mediator, beziehungsweise die Mediatorin, bleibt bei allen Gesprächen unparteiisch, stellt lediglich Fragen und sammelt Antworten und versucht – ohne die einzelnen Antworten als „gut oder schlecht“, als „richtig oder falsch“ zu werten – die notwendige Gesprächsbereitschaft zu fördern und Vereinbarungen zu erreichen, die von beiden Ex-Partnern akzeptiert und mitgetragen werden.

Also im Grunde kann man in der Mediation mit Hilfe eines neutralen Mediators ganz ohne Rechtsanwalt alles friedlich regeln.

Auch die Mediation kostet Geld und es wird sicher einige Sitzungen brauchen, bis alles im gegenseitigen Einverständnis geklärt ist. Es ist aber trotz allem eine gute Möglichkeit und in jedem Fall einen Versuch wert.

Es gibt Mediatoren, die gleichzeitig auch Rechtsanwälte sind. Überlegen Sie sich, ob Ihnen ein höheres Honorar hierfür akzeptabel erscheint, denn der resultierende Vertrag wird sich dann in der Regel auch näher an den geltenden Gesetzen orientieren können, als es bei einem Mediator möglich ist, der keine Rechtsausbildung hat, dafür seine Leistungen aber wohl auch sehr viel günstiger anbieten wird.

Treten bei einem Mediator ohne Rechtsausbildung Streitfragen in Bezug auf das geltende Recht auf, dann wird unter Umständen auch zusätzlich zur Mediation das Hinzuziehen eines Anwaltes nötig, was dann auch wieder mit Aufwand und gewissen Kosten verbunden sein wird.

Es kommt also immer darauf an, was Ihnen in Ihrer ganz persönlichen Situation sinnvoll erscheint und wie konstruktiv die Gespräche verlaufen. Möglichkeiten gibt es viele und einen gemeinsamen Versuch der friedlichen Einigung zu wagen, sollte man immer begrüßen!

Sind Sie mit der Mediation erfolgreich, so entsteht daraus – ähnlich zum Ehe-Vertrag – ein „Ehe-Aufhebungs-Vertrag“, mit dem beide Ex-Partner dann zum Notar gehen können und der ebenso rechtsgültig ist, wie ein Gerichtsurteil, das über zwei gegnerische Anwälte erkämpft und erstritten wurde.

Falls Sie und Ihr/e Ex-Partner/in mit der Mediation erfolgreich sind, können Sie sich gratulieren – Sie haben eine großartige Leistung vollbracht!

Falls die Mediation scheitern sollte, dann in der Regel deshalb, weil bei den Finanzen keine Einigung erreicht wird.
Beim Geld hört eben auch hier oft die Freundschaft auf. Das ist bedauerlich aber auch menschlich.

Selbst wenn die Mediation scheitert können Sie hinterher ein gutes Gewissen haben, weil Sie in jedem Fall kooperativ waren und „alles Mögliche versucht“ haben, um die Trennung friedlich durchzuführen.
Auch in diesem Fall dürfen Sie sich gratulieren. Sie sind dann allem Anschein nach ein rücksichtsvoller Mensch, der auch in schlimmen Lebenslagen gesprächsbereit und kooperativ bleibt.

Im Gegensatz zu Ihnen ist der Staat weniger gesprächsbereit, wenn es um Ihren Auszug geht. Denn nach dem Auszug haben Sie sich auf der Gemeinde umgehend als „**Getrennt lebend**“ zu melden. Und damit ändert sich nach Ablauf des derzeitigen Kalenderjahres in der Regal auch Ihre Steuerklasse.
Waren Sie während der Ehe der Hauptverdiener mit der besseren Steuerklasse, dann ändert sich damit folglich die Steuerklasse zu Ihren Ungunsten. Sie haben dann auf jeden Fall ab Januar des kommenden Jahres höhere Steuerabzüge und damit weniger Geld zur Verfügung.

Falls Sie sich nicht als „Getrennt lebend“ melden, dann ist das Steuerhinterziehung und Sie dürfen mit einer saftigen Strafe rechnen!
Sie sollten vom Finanzamt keine Gnade erwarten.

Bei allem menschlichen Verständnis von Seiten der Beamten werden Sie auf den Ämtern trotzdem nach geltendem Recht abgefertigt.
Eine Strafe lässt sich sehr leicht vermeiden, indem Sie sich ordnungsgemäß ummelden.

Der durch die Trennung verursachte Auszug aus dem gemeinsamen Zuhause bedeutet für die beiden Noch-Ehe-Partner in aller Regel den Wegfall der bisherigen gemeinsamen finanziellen Grundlage.

Es fällt nun meist eine zusätzliche Miete an für den Partner, der ausgezogen ist. Auch zusätzliche Lebenshaltungskosten für Strom, Telefon, Nahrung und so weiter sind zu bewältigen. Kommt jetzt auch noch die ungünstigere Steuerklasse hinzu, dann fehlt noch mehr Geld.

Es kann sich durchaus so darstellen, dass Sie bisher ein gemeinsames Leben geführt haben, bei dem Ihnen jeden Monat Tausend Euro übrig geblieben sind, die Sie dafür genutzt haben, um in Urlaub zu fahren, bei Bedarf ein neues Auto zu kaufen oder einen Whirlpool für den Garten – und jetzt fehlen mit dem Auszug auf einen Schlag jeden Monat mehrere hundert Euro! Das ist ganz normal!

Spätestens jetzt erkennen Sie:
Der Auszug aus der bisher gemeinsamen Wohnung stellt eine echte finanzielle Herausforderung dar!

Es ist nur allzu verständlich, wenn Ihr/e Ex-Partner/in bei finanzieller Abhängigkeit (weil etwa die eigenen Einkünfte zum Überleben nicht reichen) damit nun ein richtiges Problem bekommt.

Falls Sie bisher, möglicherweise freiwillig und großzügig Trennungsunterhalt bezahlt haben und jetzt ankündigen, dass Sie ab Januar nur noch deutlich weniger bezahlen können, kann das einen erneuten Bruch auslösen und dazu führen, dass Ihr/e Ex zum Rechtsanwalt rennt und der Krieg zwischen Ihnen – trotz Ihres immer noch ungebeugten guten Willens – unausweichlich ausbricht.

Sie haben in diesem Fall die Wahl:
Steuerhinterziehung oder Krieg mit der/dem Ex.

Spätestens dann, wenn der Krieg offen ausbricht, wird auch der Gutmütigste Noch-Ehe-Partner das selbst verdiente Geld auf ein Neues, eigenes Konto umleiten, um die alleinige Kontrolle über das Geld zu erhalten.

Die Gutmütigkeit hat nach dem offiziellen Gang zum Anwalt meist ausgedient, weil es ja jetzt „eh schon egal ist" und der endgültige Vertrauensbruch ohnehin schon passiert ist.

Der Druck auf die Finanzlage des Ex-Partners ohne eigenes Einkommen steigt damit ebenfalls weiter an.

Falls Sie sich von Ihrem/Ihrer Ex-Partner/in ausgenutzt und betrogen fühlen oder glauben, dass Sie lange genug die Rolle des Versorgers gespielt haben und nun – nach der Trennung und im Angesicht eines gegnerischen Anwalts – dazu nicht mehr bereit sind, liegen Sie mit größter Wahrscheinlichkeit absolut richtig!

Sollten Sie das Gefühl oder den realistischen Eindruck haben, Ihr/e Ex-Partner/in hängt wie ein **Vampir** an Ihnen, um Ihnen das Geld aus der Tasche zu saugen, sollten Sie verstehen, dass das aus verschiedenen Gründen passieren kann.

Mögliche Gründe für „**Vampirismus**“:

- Es liegt die Angst zu Grunde, die neue Situation finanziell nicht alleine bewältigen zu können. (Angst-Vampirismus)

- Es herrscht die Gier vor, den finanziellen Status auf Kosten Anderer möglichst hoch zu halten. (Luxus-Vampirismus)

- Es liegt die Bequemlichkeit zu Grunde, lieber leicht das Geld des/der Ex-Götter-Gatten/Gattin zu ergattern, als sich selbst für eigenes Geld bei der Arbeit abzurackern. (Bequemlichkeits-Vampirismus)

Und wie Sie wissen, haben Vampire selbst kein Spiegelbild. Es kann also durchaus sein, dass der/die Betroffene es gar nicht selber sieht, dass aus Ihm oder Ihr ein Vampir geworden ist.

Falls es sich so darstellt – treten Sie mutig und verwegen dem Vampir mit aller Macht entgegen.

Die Trennungsphase ist schwierig und beinhaltet eine Menge Zündstoff, geht aber vorüber.

Viel wichtiger als die kurze Phase der Trennung ist die Scheidung und all die Vereinbarungen, die damit zusammen hängen.

Wenn Sie in der Phase der Trennung Geld verlieren, so werden Sie das im Laufe der kommenden Jahre mit Sicherheit verschmerzen. Viel wichtiger dürfte sein, dass der Akt der Scheidung eine klare Trennlinie zieht und Sie somit nach der Scheidung Ihre größtmögliche finanzielle Freiheit erhalten!

Denn Sie wollen sicherlich nicht weitere Jahre als Versorger „ausgenutzt“ werden oder dazu verpflichtet werden, auf Dauer an den Menschen Geld abzugeben, den Sie ja eigentlich jetzt los werden möchten.

Das gilt um so mehr, falls schon wieder neue Partner mit im Spiel sind.

Es ist durchaus verständlich, wenn die Versorger-Rolle an einen neuen Partner abgegeben werden soll, der ja nun vermutlich auch Küche und Bett mit Ihrem/Ihrer Ex-Partner/in teilt.

Die Frage „Wer hat Schluss gemacht und warum?“ spielt für das Gericht im Wesentlichen keine große Rolle.

Sie werden in aller Regel feststellen, dass das Gericht Sie persönlich recht wenig über die Gründe für das Scheitern Ihrer Ehe fragt und erwartungsgemäß sehr sachliche Entscheidungen trifft.

Sind Kinder von der Trennung betroffen, dann wird das gerichtliche Verfahren in der Regel zügig durchgeführt. War Ihre Ehe hingegen kinderlos, so kann es unter Umständen auch sehr lange dauern, bis überhaupt irgend eine gerichtliche Entscheidung getroffen wird.

Stellen Sie sich also bitte darauf ein, dass – falls Sie auf einen finanziellen Engpass zusteuern oder schon mitten drin stecken – Sie sich in erster Linie einmal selbst daraus retten müssen.

Je früher Sie dafür sorgen, Ihr eigenes Geld zu verdienen, um so besser!

Jede noch vorhandene Abhängigkeit mit Bezug auf Ihren bisherigen Partner ist für Sie ein enormes Risiko.
Machen Sie sich so gut es geht davon frei!

Versuchen Sie – soweit es Ihnen möglich ist – alle Aktivitäten zu fördern, die dazu führen können, das auch Ihr/ Ex-Partner/in wieder finanziell von Ihnen unabhängig wird.

Trennung bedeutet auch, dass beide Ex-Partner wieder alleine zurecht kommen müssen.
Vor allem auch finanziell!

Falls Sie eine der beiden Rollen „Versorger" oder „Vampir" bisher inne hatten – legen Sie diese Rolle ab, so schnell es geht!

Sollten Sie Hass und Groll verspüren und den Drang, es Ihrem Ex-Partner so richtig heimzuzahlen, so sollten Sie sich ernsthaft fragen, ob er/sie das wirklich Wert ist.

Der eigene Seelenfriede wird erst dann erreicht, wenn die negativen Gefühle für den/die Ex verschwunden sind.

Seien Sie froh, dass Sie Ihre/n Ex los sind und versuchen Sie, so schnell als möglich eine gewisse Gleichgültigkeit und Gelassenheit zu entwickeln.
Je früher Sie das schaffen, desto freier werden Sie für Ihr Leben nach der Ehe.

Ihre persönliche Freiheit sollte für Sie jetzt und auch in Zukunft an aller erster Stelle stehen!

Wenn Sie einen Job haben, der Ihnen Spaß macht, dann mag es jetzt sehr hilfreich für Sie sein, wenn Sie sich nach Ihrem Auszug etwas mehr als früher in Ihrem Job engagieren.

Jetzt haben Sie unter Umständen einige Freiheitsgrade gewonnen, die Sie ganz exzellent für Ihre Karriere nutzen können – falls Sie das möchten!

(Keiner meckert, wenn Sie Überstunden machen. Niemand wirft Ihnen Desinteresse an der Beziehung vor, wenn Sie sich beruflich reinknien usw.)

Ihr Job, falls Sie einen haben, kann und wird Ihnen helfen, Ihr neues Leben zu finanzieren.

Falls Sie keinen Job haben, fangen Sie an, sich zu bewerben!
Sie erschaffen damit in erster Linie für sich selbst finanzielle Unabhängigkeit und Freiheit!

Alles, was Sie jetzt beruflich investieren, kann sich für Sie sehr positiv auswirken! Hängen Sie sich rein – und viel Erfolg dabei!

Irgendwann im Verlaufe der Übergangsphase und in jedem Fall noch vor der Scheidung kommt der **Schritt zum Anwalt**.

Das ist absolut sicher, denn in Familienangelegenheiten herrscht in diesem unserem Lande **Anwaltszwang**! Also auch falls Sie sich mit Ihrer/Ihrem Ex absolut einig sind über alle Rahmenbedingungen und sich total harmonisch und ohne jeden Streit scheiden lassen wollen, werden Sie vom Staat dennoch gezwungen, vor Gericht einen Anwalt haben zu müssen!

Anwälte kosten Geld! Falls Sie bis jetzt noch geglaubt haben, dass Sie mit der Eheschließung in jedem Fall kräftig Steuern gespart haben, so stellen Sie jetzt bei genauer Überprüfung fest, dass Sie die einbehaltenen Steuergewinne während der Scheidungsphase praktisch wieder verlieren.

Rein steuerlich betrachtet lohnt sich damit eine Ehe nur, solange es nicht zur Scheidung kommt.

Auch **der Schritt zum Anwalt** kann einen erneuten gewaltigen Vertrauensbruch zwischen den Ex-Partnern auslösen!

Niemand steht gerne vor Gericht, keiner bekommt gerne Post von einem Anwalt. Wenn die erste Klageschrift mit der Post bei Ihnen ankommt kann es – auch wenn Sie bisher geglaubt haben, sehr abgebrüht und ausgeglichen zu sein – zu einer heftigen Verunsicherung Ihrerseits kommen.

Vielleicht werden Sie überaus nervös, bekommen Angst, Panik, können sich auf nichts mehr konzentrieren oder ähnliches. Das ist völlig normal. Es ist eine absolut unangenehme Ausnahmesituation.

Falls Sie sich dazu entschlossen haben, einen eigenen Anwalt aufzusuchen, wählen Sie mit Bedacht! Falls möglich, lassen Sie sich von Ihren Freunden einen Anwalt empfehlen. Es gibt einige sehr gute Anwälte, viele gute und ein paar echt schlechte gibt es auch. Einfach irgend einen Anwalt zu nehmen kann ein Risiko sein.

Manche Anwälte sind äußerst geschwätzig und kauen Ihnen ein Ohr ab mit unwichtigen Belanglosigkeiten, die Sie ohnehin schon wussten – weil sie nämlich dann nach Zeit abrechnen!

Manche sind so schlecht, dass Sie trotz Abmachung die für Sie dringenden und wichtigen Berechnungen der bevorstehenden Unterhaltszahlungen auch nach Wochen und Monaten nicht zugeschickt bekommen.

Mit ein wenig Glück ist so ein Anwalt dann auch wenigstens so unzuverlässig, dass er sogar vergisst, die Rechnung für das langwierige Beratungsgespräch zu schicken. (Kein Witz!)

Wenn Sie als Mann zu einer Anwältin gehen, dann sollten Sie wissen, dass die Natur es so eingerichtet hat, dass eine Frau Anwältin einer anderen Frau laut Naturgesetz niemals wirklich weh tun wird.

Wenn Sie also stark und rücksichtslos durchgreifen wollen, suchen Sie sich einen Mann als Anwalt, der dann Ihre Ex-Frau auseinander nimmt!

Bedenken Sie dabei aber auch die geistigen Naturgesetze: Wenn Sie Ihrer Ex-Frau unnachgiebig und hart weh tun, dann kommt diese Härte auch zu Ihnen zurück.

Gleichzeitig liegt die Wahrscheinlichkeit sehr, sehr hoch, dass Sie mit sich selbst ebenfalls viel zu hart und unbarmherzig umgehen.

Betrachten Sie das bitte einmal sehr genau!

Es könnte für Sie ein Vorteil sein, wenn Sie erkennen, dass Ihre Rücksichtslosigkeit – sofern vorhanden – sich auch gegen Sie selbst richtet.

Wenn Sie erfolgreich vor Gericht vertreten werden wollen, dann nehmen Sie keinen Labersack und auch keine Memme sondern wählen Sie den Löwen!

Das bringt am meisten Spaß!

Denn wer von uns wollte nicht als Kind schon immer mal Dompteur sein? Sehen Sie – das ist Ihre Chance!

Und beachten Sie bei der Suche nach dem Löwen oder der Löwin unter den Anwälten:

Nehmen Sie einen Anwalt oder eine Anwältin, zu dem/der Sie Vertrauen haben. Es sollte jemand sein, der Kompetenz vermittelt und zuverlässig arbeitet. Alles Andere ist unwichtig!

Bei der Gelegenheit möchte ich Ihnen auch gleich einen kleinen aber wirkungsvollen **Anwaltstrick** verraten:

Ein Anwalt lebt davon, dass zwei oder mehr Menschen sich streiten. Je mehr Streit, desto mehr Honorar und Reichtum für ihn/sie!

Egal, wie vertrauenswürdig Ihr ganz persönlicher Anwalt auch ist – und es gibt sehr gute Anwälte! – auch Ihr Anwalt wird ein gewisses Interesse daran haben, Geld zu verdienen.

Und dieses Geld bekommt Ihr Anwalt/Ihre Anwältin von Ihnen!

Es ist also für einen Anwalt durchaus üblich, den Mandanten anzuhören, um herauszufinden, wo überall Streitpunkte liegen. Bei all diesen Streitpunkten wird Sie Ihr Anwalt mit mehr oder weniger Elan vertreten und wird dabei auch fleißig Briefe für Sie schreiben.

Jeder Brief bringt Geld in die Anwaltskasse!

Wundern Sie sich bitte nicht, wenn Sie einen Brief vom gegnerischen Anwalt erhalten, in dem **Unwahrheiten** stehen!

Die Absicht ist, Sie zu reizen.

Sie sollen sich ärgern und sollen daraufhin über Ihren eigenen Anwalt einen Gegenbrief zurückschreiben, in dem Sie das falsch Beschriebene widerlegen und bestreiten.

Wundern Sie sich nicht, wenn Sie Ihrem Anwalt die eigene Situation erklärt haben und in dem Brief, den er verfasst hat stehen Dinge, die nicht ganz richtig sind.
Wenn Sie Ihren Anwalt darauf ansprechen wird er (oder sie) gewöhnlich sagen: „Ja, das ist nicht wichtig. Machen Sie sich mal keine Sorgen. Das hat keine Bedeutung".

In Wirklichkeit dient diese **ungenaue, unbedeutende** aber **falsche Aussage** nur dem einen Zweck:
Die Gegenpartei soll genau über diese Bemerkung stolpern, soll sich ärgern und zur Reaktion gereizt werden.

Bei diesem wechselseitigen Spiel mit den unbedeutenden Unrichtigkeiten oder den kleinen Provokationen, das die Anwälte kennen und anwenden, gibt es immer zwei Gewinner:
Die beiden Anwälte selbst!

Denn viele Briefe, viele Reaktionen auf kleine Unwahrheiten, die aber eigentlich dem Richter völlig egal sind, den gegnerischen Menschen aber treffen, führen zu hohen Honoraren, die Sie und Ihr/e Ex dann bezahlen werden!

Je mehr Sie sich wegen Nichtigkeiten streiten, um so einiger werden sich Ihre beiden Anwälte sein!

Seien Sie auf der Hut!
Auch vor Ihrem eigenen Anwalt!

Phase 3: Die Scheidung

Nach der Übergangsphase kommt irgendwann einmal der Moment, an dem einer von beiden Ex-Partnern daran denkt, die Scheidung einzureichen.

Hierbei ist grundsätzlich die Dauer des Trennungsjahres abzuwarten. Das bedeutet, mit dem Datums, an dem Sie beide sich offiziell getrennt haben, fängt das Trennungsjahr an zu laufen. Ab diesem Datum gerechnet ist die Scheidung nach Ablauf von einem Jahr oder 12 Kalendermonaten möglich.

Das Trennungsjahr kann auch bereits in der gemeinsamen Wohnung beginnen – vorausgesetzt, Sie gehen tatsächlich getrennte Wege. Jeder kocht für sich alleine, jeder wäscht seine Wäsche selbst und jeder schläft in seinem eigenen Bett (getrennte Schlafzimmer).

Die Scheidung einreichen kann man bereits vor Ablauf des Trennungsjahres, da ja auch der Arbeitsablauf bei Gericht eine gewisse Zeit braucht. Sie verlieren also unnötig Zeit – falls Sie es extrem eilig haben sollten – wenn Sie erst nach dem tatsächlichen Ablauf des Trennungsjahres tätig werden, um die Scheidung einzureichen.

Bei der Gelegenheit stellt sich die Frage: Wer von beiden sollte denn die Scheidung einreichen?

Klare Antwort: Derjenige, der durch seinen Job mehr Geld einnimmt, verliert jeden Monat wertvolle Rentenpunkte an seinen Noch-Ehepartner. Derjenige, der keine Arbeit hat oder nur einen geringfügigen Erwerb, wird wohl eher daran denken abzuwarten, um die wertvollen Rentenpunkte und den Trennungsunterhalt noch mitzunehmen, so lange es geht. Achtung: Immer aufpassen, dass Sie nicht zum Vampir werden!

Die Beste Lösung ist: Reichen Sie die Scheidung selbst ein und warten Sie nicht, bis es der/die Ex-Partner/in tut!

Es ist ein sehr gutes Gefühl, nach der Trennung die Scheidung selbst eingereicht zu haben und das kann Ihnen dann auch niemand mehr nehmen!

Für die ganz Eiligen könnte auch eine **Härtefallscheidung** in Betracht kommen. Also falls Sie so dermaßen genug von Ihrem/r Ex-Partner/in haben, weil Sie vielleicht geschlagen wurden oder der psychische Druck unerträglich war, könnte die Härtefallscheidung greifen.

Allerdings sollten Sie hierbei zwei Dinge bedenken:
Erstens verlieren Sie ab dem Moment der Scheidung den Anspruch auf Trennungsunterhalt. Und zweitens kann eine Härtefallscheidung, falls keine gemeinsamen Kinder vorhanden sind, durchaus auch genauso lange dauern, wie eine normale Scheidung. Ohne Kinder haben Sie bei Gericht keinen Vorrang und müssen eben warten.

Es lohnt sich also nicht immer übergroße Eile an den Tag zu legen.

Beim Einreichen der Scheidung sollte man sich noch überlegen, ob es möglich ist, sich im Einvernehmen scheiden zu lassen, also ohne großen Streit.

So gibt es natürlich auch Paare, die gemeinsam die Scheidung einreichen. Da kann man nur gratulieren, denn das ist ein Zeichen dafür, dass die beiden Ex-Partner immerhin noch miteinander reden und manches eben noch gemeinsam entscheiden.

Dann genügt auch ein gemeinsamer Anwalt, was die Kosten erheblich senkt. Das ist durchaus eine Überlegung wert.

Allerdings kann es ebenso gut sein, dass Sie in dem Moment, in dem die Scheidung eingereicht werden kann, bereits so sehr mit zwei Anwälten ineinander verzahnt sind, dass an einen gemeinsamen Anwalt gar nicht mehr zu denken ist.

Ganz wichtig ist für Sie:
Der Tag, an dem der Scheidungsantrag bei Gericht von einem der beiden Noch-Ehepartner eingereicht wird, ist ein ganz bedeutender Stichtag!

Die finanziellen Verhältnisse beider Ex-Partner, also alle Kontostände, Wertstandermittlungen von vorhandenen Lebensversicherungen, Bausparverträgen, Schulden auf gemeinsame Immobilien usw. werden ab jetzt immer mit Bezug auf dieses Datum gerechnet.

Das heißt: Falls Sie selbst die Scheidung eingereicht haben und genau heute zum Stichtag, der auch in den gerichtlichen Papieren angegeben ist, kommt Ihr riesenhaftes Gehalt auf Ihr Konto, dann haben Sie sich damit auch sofort einen Mega-Verlust eingefangen, denn das Geld wird als „Haben“ auf ihrer Seite angerechnet und die Hälfte davon gehört mehr oder weniger auch über den Zugewinn Ihrem Ex-Partner! Sind hingegen am Stichtag nur 5 Euro auf Ihrem Konto, dann haben Sie praktisch keinen Verlust.

Das selbe gilt für Sparkonten. Wenn Sie also planen oder wissen, wann der Scheidungsantrag kommt, dann ist es ratsam, das Geld bereits geraume Zeit vorher „in Sicherheit zu bringen“.

Wenn alles im Rahmen bleibt, brauchen Sie kein schlechtes Gewissen haben. Ihr/e Ex wird es genauso machen!

Achtung: Machen Sie keine großen Schulden nach der Trennung, oder während der Übergangsphase!

Das Gericht wird sehr wohl prüfen, ob die Anschaffungen nötig waren, bzw. falls Sie sich nach dem Scheidungsantrag so richtig verschulden, wird das Gericht Ihnen mitteilen, dass Sie bereits sehr wohl gewusst haben, dass die Scheidung ansteht.

Und es geht eben absolut nicht an, dass einer der beiden „Geschäftsführer" auf Kosten des Anderen noch kräftig Schulden macht, bevor der Rest des Firmenvermögens durch zwei geteilt wird.

Sie handeln sich damit also nur eine Menge Ärger ein, wenn Sie in dieser Phase noch in großem Stil Geld verjubeln oder verschwinden lassen.
Im Zweifelsfall sollten Sie immer ehrlich bleiben.

Es ist ja auch so – wenn Sie denken, Sie müssten Ihre/n Ex-Partner/in bestehlen, weil Sie zu kurz kommen, dann wird das Universum Ihren „Auftrag" ausführen – und Sie werden zu kurz kommen! Das fällt in die Kategorie „Universelle Gesetze".
Wenn Sie ehrlich bleiben und auch ein wenig darauf achten, dass Sie selbst nicht vom Ex-Partner beschummelt werden, dann haben Sie vor dem Universum die besseren Karten.

Falls Sie das nicht glauben, lesen Sie bitte die Bücher von Bärbel Mohr (Bestellungen beim Universum / Reklamationen beim Universum) oder Hermann Meyer (Die Gesetze des Schicksals).

Das könnte Ihr Weltbild ein klein wenig gerade rücken!

Wir merken uns also:
Der Tag, an dem der Scheidungsantrag eingereicht wird ist der Stichtag.

Die Kontostände aller Konten, Kapital-Versicherungen oder sonstigen Sparguthaben werden zu diesem Datum abgerechnet für den späteren Zugewinnausgleich!

Ebenfalls mit diesem Stichtag werden die Rentenpunkte für den Versorgungsausgleich berechnet.

Das bedeutet: Egal, wer während der Ehezeit wie viele „Rentenpunkte" angesammelt hat – zu diesem Stichtag werden diese während der Ehe gemeinsam erwirtschafteten Rentenpunkte auf beide Partner aufgeteilt und entsprechend auf die einzelnen Rentenkonten gutgeschrieben.

Für diese Berechnung der Rentenpunkte ist ein Antrag auszufüllen und die Berechnung muss bis zum Scheidungstermin bereits vorliegen. Ihr/e Anwalt/Anwältin wird Ihnen hierbei sicher helfen.

Das Aufteilen der während der Dauer der Ehe gemeinsam erwirtschafteten Rentenpunkte ist ein ganz normaler Vorgang, der immer gleich abläuft bei jeder Scheidung.

Sollten Sie ein Mega-Gehalt gehabt haben und Ihr Partner nur den Haushalt gemacht haben, so gilt trotzdem hier auch: Sie haben gemeinsam gewirtschaftet und die Rentenpunkte gehören beiden. Fifty-fifty.

Und wenn Sie ein wenig darüber nachdenken, dann werden Sie feststellen, dass das absolut gerecht ist.

Also nicht meckern, wenn Sie hier sehr viele Rentenpunkte verlieren sollten – es waren niemals Ihre Punkte!
Allein die Dauer der Ehe bis zum Stichtag entscheidet, wie viele Punkte vom besserverdienenden Partner dem Anderen gutgeschrieben werden.

Ab dem Stichtag (Einreichen des Scheidungsantrages) wirtschaftet dann wieder jeder für sich selbst!

Und – ab dem Moment, wo Ihr/e Ex-Partner/in den Scheidungsantrag bekommen hat, weiß er/sie Bescheid! Möglicherweise herrscht ab jetzt Krieg!

Möglicherweise kommt jetzt auch wieder Panik auf! Wenn die Scheidung durch den Richter ausgesprochen wird, fällt der Trennungsunterhalt weg und ganz allgemein gesprochen haben sich die Gesetze im Laufe der letzten Jahre immer mehr in die Richtung verändert, dass mehr und mehr erwartet wird, dass beide Ex-Partner wieder für sich selber sorgen.
Der Unterhalt nach der Scheidung könnte also knapp ausfallen!

Somit kann es sein, dass durch die Panik und dieses endgültige Aus für die Ehe, der/die überraschte Partner/in anfängt, Ihnen ab sofort auch Fallen zu stellen.

Es könnte jetzt ganz schnell passieren, dass das gemeinsame Konto – falls es immer noch besteht – von einem der beiden geplündert wird!

Für das dabei entstandene dicke Minus werden von der Bank dann beide haftbar gemacht! Das kann böse ins Auge gehen oder lange Rechtsstreitigkeiten zur Folge haben.
Sie sollten so etwas in jedem Fall vermeiden, indem Sie für das gemeinsame Konto den Dispositionsrahmen bei der Bank rechtzeitig auf Null setzen lassen oder – falls möglich – im Einvernehmen mit Ihrem Ex-Partner das gemeinsame Konto ordnungsgemäß auflösen.

Meist wird der Kredit für das gemeinsame Wohneigentum ebenfalls vom gemeinsamen Konto abgebucht. Eine ganz üble Falle kann entstehen, wenn Ihr/e Ex dafür sorgt, dass die Abbuchungen für den Immobilien-Kredit ins Leere laufen, weil das Konto keinen Dispositionsrahmen mehr hat und das Guthaben abgeräumt wurde!
Hier droht ein Schufa-Eintrag und falls Sie später für sich selbst auch wieder eine Immobilie kaufen möchten, könnten Sie hier auf extreme Schwierigkeiten bei der Finanzierung stoßen! Auch hier ist ganz große Vorsicht geboten!

Haben Sie einen guten Rechtsanwalt, dann wird er (oder sie) Ihnen raten, den Kredit für die Wohnimmobilie weiter zu bezahlen und dafür keinen Unterhalt mehr zu überweisen – weder für Ex-Partner noch für gemeinsame Kinder.

Das erzeugt Druck zu Ihren Gunsten (oder zu Gunsten Ihres Anwalts) und verhindert einen Schufa-Eintrag wegen ausstehender Raten für die Immobilie.

Als Normal wäre es jetzt auch anzusehen, wenn Ihr/e Ex oder auch Sie selbst anfangen, Spionage zu betreiben über neue Partner, die vielleicht für den Unterhalt herangezogen werden könnten, um sich selbst den Zahlungsverpflichtungen zu entziehen.

Gleichzeitig wird ab sofort auch damit angefangen, die eigene finanzielle Situation zu verschleiern.

Das erschwert es der gegnerischen Partei unter Umständen, Unterhaltsberechtigungen genau auszurechnen und mögliches Guthaben wird dadurch eventuell auch nicht berücksichtigt, wenn es später um das Teilen beim Zugewinnausgleich geht.

Es wird mit dem Stichtag des Scheidungsantrages sehr häufig eine ganz üble Phase beginnen.

Der Konflikt spitzt sich jetzt zu, falls Sie sich mit Ihrem/Ihrer Ex-Partner/in nicht einig sind.

Miteinander Sprechen wird immer schwieriger und mit jedem neuen Brief, der vom gegnerischen Anwalt kommt, schwindet das Vertrauen mehr und mehr.

Die beiden Parteien treiben auseinander – oder besser noch – werden durch die anwaltlichen Tätigkeiten auseinander getrieben.

Wir erinnern uns: Streiten kostet Sie Geld und macht Ihren Anwalt reich. Sie sind jetzt mitten im Spiel und sollten sehr aufmerksam sein, was geschieht!

Sollten Sie während der Ehe eher den ruhigeren Part übernommen haben, dann stellen Sie vielleicht jetzt fest, dass Ihr/e Ex überhaupt keinen Respekt vor Ihnen hat. Sollte es irgendwann im Verlaufe des Konflikts so weit kommen, dass Ihr/e Ex Sie am Telefon anschreit – egal ob berechtigt, oder nicht – dann schreien Sie zurück und legen Sie auf, bevor der/die Ex es tut!

Wehren Sie sich! Das wirkt Wunder!

Die Berechnung der Unterhaltszahlungen, ganz egal, ob für den Ex-Partner als Trennungsunterhalt oder nachehelichen Unterhalt oder für die Kinder als Kindesunterhalt, orientiert sich an den bisherigen Verdienstbescheinigungen.

Jetzt gibt es immer wieder Menschen, die vor der Situation, dass sie möglicherweise Unterhalt an den/die Ex zahlen sollen, flüchten wollen. Es fehlt die Einsicht oder es herrscht sogar offene Ablehnung, auch nur den geringsten Betrag für den/die Ex herzugeben.

Manche gehen sogar so weit, dass sie Krankheiten vortäuschen, Ihre Arbeitsstelle nur noch halbtags besuchen oder sogar ganz hinschmeißen. Nur aus Geiz und Boshaftigkeit der/dem Ex gegenüber.

Da auch der Gesetzgeber weiß, dass manche Menschen, wenn Sie von einer Trennung oder Scheidung betroffen sind, dazu neigen, immens gierig oder geizig zu werden, wird keine Rücksicht darauf genommen, falls der Unterhaltspflichtige selbstverschuldet seine finanzielle Situation deutlich verschlechtert, um sich so den Zahlungsverpflichtungen absichtlich zu entziehen.

Bei all den Gedanken, die Ihnen in so einer schwierigen Zeit der Trennung oder kurz vor der Scheidung durch den Kopf gehen, denken Sie bitte auch an Folgendes:

Je besser Ihre persönliche finanzielle Gesamtsituation ist (und bleibt!), um so mehr Geld bleibt auch Ihnen selbst zur Verfügung.
Das gilt natürlicherweise auch dann noch, wenn Sie Unterhalt zahlen (müssen).

Der Selbstbehalt bleibt Ihnen auf jeden Fall, doch besser lebt es sich, wenn man deutlich darüber liegt – selbst wenn Unterhaltszahlungen geleistet werden.

Einen guten Job aufzugeben, nur damit man an den/die Ex nichts bezahlen muss, nimmt Ihnen selbst auch sehr viel Lebensfreude, weil Sie eine bisher gute Position gegen die Ungewissheit der Arbeitslosigkeit oder auch gegen einen deutlichen sozialen Abstieg eintauschen!

Auch die seelischen Auswirkungen einer solchen beruflichen Veränderung sind nicht zu unterschätzen!

Geld ist nicht alles – ein guter Job ist eine feine Sache und den sollten Sie sich auf jeden Fall behalten!

Trennungsunterhalt im Rahmen der Auflösung der „Geschäftsführertätigkeiten“ zu bezahlen, sollte eine Selbstverständlichkeit sein. Nachehelicher Unterhalt sollte in der Scheidungsvereinbarung geklärt bzw. ausgeschlossen werden.

Wenn Ihr/e Ex wirklich wie ein Vampir an Ihnen dranhängt, unternehmen Sie etwas! Aber tun Sie es so, dass Sie sich dabei nicht selber schaden oder Ihre eigene Situation, finanziell oder sozial, verschlechtern. Achten Sie immer zuerst auf Ihr eigenes Wohl und befreien Sie sich dann im zweiten Schritt aus dem Klammergriff des/der Ex!

Denken Sie auch immer daran: Kindesunterhalt kommt Ihren eigenen Kindern zu Gute! In einer intakten Ehe/Partnerschaft wird man gerne sein Geld in die eigenen Kinder investieren.

Es ist das Natürlichste auf der Welt, dass dieser Zustand auch nach der Trennung genau so bleibt!

Selbst wenn jetzt Ihr/e Ex das Geld in die Hände bekommt und dann für die Kinder verwaltet. Auch Ihr/e Ex sollte ein ganz natürliches Interesse daran haben, dass es den eigenen Kindern gut geht.

Somit sollten Sie darauf vertrauen, dass Ihr/e Ex ebenfalls gut für die gemeinsamen Kinder sorgt.

Wenn Sie anfangen wollen mit Ihrem Geld zu geizen, dann signalisieren Sie dem Universum möglicherweise einen Mangelzustand. Das könnte dann tatsächlich dazu führen, dass Ihre Einnahmen sinken. Vermeiden Sie eine derartige – für Sie ungünstige – Feedback-Schleife!

Wenn Sie anfangen, Ihr Geld bedenkenlos Ihrem/Ihrer Ex zu überlassen und dabei selbst zu kurz kommen, dann signalisieren Sie dem Universum das Gefühl selbst nichts (oder wenig) wert zu sein. Auch das könnte dazu führen, dass es Ihnen im Laufe der Zeit immer schlechter geht. Vermeiden Sie also auch diese für Sie ungünstige Feedback-Schleife!

Achten Sie zuerst darauf, dass es Ihnen selbst emotional und finanziell gut geht.

Im zweiten Schritt sorgen Sie dann dafür, dass es auch Ihren Kindern emotional und finanziell möglichst gut geht.

Und schließlich achten Sie auch ein wenig mit darauf, dass es Ihrem/Ihrer Ex gut geht – denn schließlich versorgt sie/er Ihre Kinder und immerhin handelt es sich um einen Menschen, den Sie wahrscheinlich irgendwann einmal „geliebt“ haben.

Falls Sie tatsächlich schon einmal „Liebe“ empfunden haben, dann werden Sie diesem Menschen spätestens dann nicht mehr absichtlich weh tun, wenn der Scheidungskrieg vorbei ist, und Sie selbst wieder klar fühlen und vernünftig denken können.

Versuchen Sie, den Zustand des „Nicht mehr weh tun“ möglichst frühzeitig zu erreichen.

Sie werden sehen – es fühlt sich besser an und es lohnt sich auf allen Ebenen – auch für Sie selbst!

Bis Sie dahin gelangen kann es allerdings noch ein recht weiter Weg sein. Deshalb lassen Sie uns an dieser Stelle noch einmal die unangenehmen und schlimmen Dinge betrachten, die vor der Scheidung leider nur allzu normal sind.

Zunächst einmal wird irgendwann einmal der Moment kommen, an dem Sie selbst den ersten Brief vom gegnerischen Anwalt in Ihren Händen halten und lesen – vorausgesetzt, Sie lassen sich nicht einvernehmlich von einem gemeinsamen Anwalt vor Gericht vertreten.

Der erste Brief vom gegnerischen Anwalt wird Sie in eine Ausnahmesituation versetzen. Möglicherweise sind Sie sehr beunruhigt oder auch ein wenig panisch, wenn Sie den Inhalt erst einmal gelesen haben.

Sollten darin irgendwelche haarsträubenden Forderungen für Unterhaltszahlungen enthalten sein, dann werden Sie normalerweise wegen der Höhe der Zahlen enorm beunruhigt sein und das absolut deutliche Gefühl verspüren, dass Sie sich jetzt mit allen rechtlichen Mitteln wehren müssen, um das, was hier von Ihnen gefordert wird, abzuwenden!

Und aller Wahrscheinlichkeit nach liegen Sie mit diesem Gefühl auch absolut richtig!

Sie erinnern sich vielleicht, dass Anwälte in erster Linie nicht versuchen, alles „richtig“ auszurechnen, sondern, möglichst viel aus der Konfliktsituation herauszuholen – für den Mandanten und natürlicherweise auch für die Kanzlei selbst.
Ein zufriedener Mandant empfiehlt die Kanzlei weiter und wenn der Gegner „verloren“ hat steigt auch der gute Ruf der Kanzlei.

Der erste Brief vom gegnerischen Anwalt kann sehr erschreckend sein und es können noch viele weitere Briefe im Verlaufe der Auseinandersetzungen folgen, die noch viel erschreckender sein können.

Sie werden das Alles überstehen – und Sie werden an dieser problematischen Situation auch enorm wachsen.

Nehmen Sie bitte Ihre Gefühle bewusst wahr, wenn Sie also diesen ersten gegnerischen Anwaltsbrief erhalten und gelesen haben.

Und dann versuchen Sie sich abzulenken, damit Ihr Kopf sich mit anderen Dingen befassen kann. Bringen Sie den Müll weg oder verlassen Sie das Haus für einen kurzen Einkauf. Entziehen Sie sich jedenfalls diesem ersten Schock ein wenig, bis Sie wieder einigermaßen gefasst sind.

Sie haben dann den kleinen Vorteil, wenn Sie den Brief mit etwas zeitlichem Abstand ein zweites Mal lesen, dass Sie ihn dann schon etwas besser verdauen können.

Und dann sollten Sie sich möglichst bald auf die Suche nach einem eigenen Anwalt machen, der für Sie die Waffen ergreift und Sie wirkungsvoll verteidigen kann!

Nur ein eigener Anwalt kennt die rechtlichen und gesetzlichen Rahmenbedingungen, unter denen der nun kommende Krieg auszufechten ist.

Den Kampf mit einem eigenen Anwalt aufzunehmen ist absolut sinnvoll. Sie signalisieren damit dem Universum, dass Sie bereit sind, für Ihre eigenen Rechte zu kämpfen und sich zu verteidigen. Es ist ein positives Zeichen dafür, dass Sie sich selbst vertreten, weil Sie Ihren eigenen Selbstwert anerkennen. So sollte es auch sein.

Daneben gibt es auch die ausgleichende Gerechtigkeit, auf die Sie durchaus vertrauen dürfen. Allerdings ist „Justitia" blind – sie wird also ohne Ansehen von Rang, Namen oder einem übergroßen Ego diejenigen Entscheidungen eintreffen lassen, die für die Beteiligten insgesamt am sinnvollsten sind. Mag sein, dass Ihnen daher nicht alles gefällt, was Sie erleben werden, aber der göttliche Wille macht keine Fehler.

Alles, was wir erleben, entspringt der universellen oder göttlichen „Gerechtigkeit", die der Schöpfung zu Grunde liegt. Das zu erklären und zu verstehen geht allerdings sehr weit in die Tiefe und auch ins Philosophische.

Vielleicht verstehen Sie die Zusammenhänge, wenn Sie die kleinen und großen Katastrophen in Ihrem Leben noch einmal rückwirkend betrachten um herauszufinden, welchen „Sinn" oder welche Vorteile die einzelnen Katastrophen für Ihr Leben gebracht haben.

Es wäre ganz normal, wenn Sie zu dem Ergebnis kommen, dass ein zunächst unangenehmes oder schlimmes Ereignis in Ihrem Leben sich letztlich als Segen für Sie herausgestellt hat, weil dadurch möglicherweise wichtige oder sogar gravierende Kursänderungen in Ihrem Leben eingeleitet wurden.

Betrachten Sie daher alle Erlebnisse und Ereignisse in Ihrem Leben wenn möglich immer realistisch und dennoch mit Vertrauen darauf, dass sich für Sie selbst alles zum Besten entwickeln wird.

Und damit ist nicht das rein Finanzielle gemeint, sondern Ihre reale Gesamtsituation.

Glücklich sein hat nicht unbedingt mit Geld und Besitz zu tun.
Glücklich sein ist in erster Linie ein Gefühl, das in Ihrem Inneren entsteht.
Glücklich sein ist ein Zustand, der sich mehr aus Ihrem inneren Gleichgewicht ergibt, als durch äußere Umstände.

In der selben Situation kann der eine Mensch unglücklich und der Andere glücklich sein.

Wählen Sie Ihre eigene innere Einstellung immer mit Bedacht und möglichst bewusst!

Stehen Sie selbst auf der ungünstigen Seite, dass Sie Unterhaltszahlungen bekommen müssen, weil Ihre eigenen Einkünfte zu gering sind, dann sollten Sie ganz besonders aufmerksam dafür sein, wenn Ihr Anwalt ihnen sagt: „Da ist mehr rauszuholen!“

Das bedeutet einen Vorstoß, dem Streitvorgang noch einen oben draufzusetzen!

Hier soll möglicherweise ein zahlungsfähiger Gegner und Ihr/e Ex-Partner/in bis zum maximal möglichen Betrag gemolken werden, ganz egal, ob Sie selbst für Ihren Lebensunterhalt auch alleine ganz gut sorgen könnten oder nicht.

Seien Sie hier sehr vorsichtig, denn sobald Ihr Anwalt versucht, aus Ihrem/Ihrer Ex alles rauszuquetschen, was geht, wird gleichzeitig viel Ablehnung, Unverständnis, Enttäuschung, Hass und Widerwille erzeugt.

Falls gemeinsame Kinder da sind, kann dies irreparable oder zumindest schwerwiegende emotionale Auswirkungen haben und die ohnehin zerbrochenen Strukturen der elterlichen Familienbande langfristig gewaltig stören oder gar irreparabel zerstören.

Die Warnung kann an dieser Stelle gar nicht deutlich genug ausgesprochen werden!

Versuchen Sie bitte immer, Ihr eigenes Feingefühl und Gespür einzusetzen, über alles selbstverantwortlich nachzudenken und auch mit Ihrem Herzen hinzufühlen, ob die Konfliktsituation jetzt für Sie noch in Ordnung ist.

Es geht nicht darum, so viel als möglich herauszuholen!
In diesem Punkt liegen alle Anwälte falsch!

Es geht darum, dass Sie das herausholen, was Sie benötigen und das, was Sie berechtigter Weise für sich haben möchten. Alles, was darüber hinaus geht dürfen Sie – selbst wenn die ganze Welt den Kopf schüttelt – Ihrer/Ihrem Ex schenken oder überlassen. Ihr Anwalt muss das nicht verstehen.

Ziehen Sie ganz bewusst mit Ihrem Kopf und auch mit Ihrem Herzen eine klare Linie, die sich ganz individuell an der Stelle befindet, an der Sie diese Linie haben möchten!

Und dann sagen Sie Ihrem Anwalt „Stop!“.

Andernfalls laufen die Dinge höchstwahrscheinlich so, wie sie immer laufen: Ihr Anwalt wird für Sie streiten, bis alles herausgeholt ist und wird für sich selbst von allem, was er herausgestritten hat, einen großen Batzen behalten. Den Rest bekommen Sie.

Wenn Sie einen guten Anwalt haben, dann wird er ein Löwe sein! Er wird dann auch als Erster fressen und erst wenn er satt ist, dann dürfen Sie den Rest haben.

Ordnen Sie sich deshalb niemals Ihrem Anwalt unter! Bleiben Sie der Dompteur! Sie bestimmen, wann der Löwe angreift und wann er zurückgepfiffen wird – egal, ob ihm das gefällt oder nicht. Sie bestimmen, was passiert und nicht er!

Wenn Sie der Dompteur sind, dann werden Sie auch erkennen, dass Ihr eigener Anwalt ohne Reue sogar nach Ihnen selbst beißt, wenn ihm etwas nicht gefällt!
Ganz schnell bekommen Sie die Krallen oder die scharfen Zähne zu Gesicht, wenn Sie nicht das tun, was Ihr Löwe will! Lassen Sie sich davon nicht beeindrucken!

Es wird Ihnen sehr viel abverlangt werden, das ist klar. Doch denken Sie bei allem, was Sie tun, oder was Andere gerne in Ihrem Namen tun möchten, daran, welche Folgen das alles haben wird.

Wie wird es sich auswirken auf die kommende Zeit, wenn der Streit bereits längst vorbei ist?

Es gibt viele Ex-Paare, die nicht mehr miteinander reden oder deren Verhältnis zueinander für immer zerstört wurde.

Überlegen Sie sich selbst, ob Sie als „Sieger“ des Kampfes lieber den Triumph vor sich hertragen und jahrelang noch schlecht über Ihre/n Ex reden möchten, oder ob Sie später eher wieder ein „normales“ Miteinander bevorzugen würden.

Mit manchen Ex-Partnern kann man nicht reden, das ist völlig klar. Doch fragen Sie sich bitte stets, ob Ihr/e Ex wirklich so schlimm ist, wie Sie jetzt vielleicht noch annehmen. Immerhin haben Sie sich ja wahrscheinlich irgendwann einmal geliebt. Werfen Sie das nicht einfach weg.

Sie signalisieren sonst dem Universum Ihre absolute Inkompetenz in Bezug auf Ihre eigenen Gefühle! Das könnte dazu führen, dass Ihre nächsten Partnerschaften ebenfalls eine wacklige Gefühlsbasis haben, denn das Universum unterstützt Sie tatkräftig dabei, dass Ihre eigenen Vorstellungen sich Tag für Tag verwirklichen können.

Signalisieren Sie dem Universum lieber, dass Sie Ihre/n Ex-Partner/in „in Liebe“ gehen lassen, weil es jetzt im Einklang mit Ihren Gefühlen und für ihre jetzige Lebenssituation das Beste ist, diese/n Partner/in jetzt zu verlassen.

Tun Sie es mit Bestimmtheit. Behalten Sie Ihre positiven Gefühle, so weit Ihnen das möglich ist.

Es gibt kein Gesetz dafür und hat keinen Vorteil, wenn Sie Ihre/n Ex hassen.

Es hat alle Vorteile der Welt wenn Sie Ihre/n Ex auch weiterhin achten oder sogar lieben.

Das wird eine ganz andere Qualität in Ihrem Leben ermöglichen!

Lassen Sie das ruhig eine Weile auf Ihr Herz wirken. Ihr Verstand wird dann ebenfalls die Wahrheit in diesen Worten erkennen.

Das Wichtigste, bei all den Unannehmlichkeiten und Schwierigkeiten die Ihre Scheidung für Sie mit sich bringt, ist das Folgende:

Versuchen Sie, eine möglichst harmonische Gefühlsbasis für sich selbst zu erhalten.

Selbst in der schlimmen Phase, in der die „schmutzige Wäsche" gewaschen wird und Sie selbst oder Ihr/e Ex die schlimmsten längst vergangenen Geschichten auf den Anwaltstisch knallen und auch der „totale Vertrauensverlust" eintreten kann, ist es dennoch wichtig, die innere Balance zu bewahren.

Und Sie sollten davon ausgehen, dass möglicherweise wirklich jedes kleine Detail, das Ihnen peinlich sein könnte in irgend einem Anwaltsbrief groß und breit – und übertrieben oder sogar völlig falsch – auf dem Tisch des Richters landen wird!

Selbst Jahre danach werden sie noch mit Grausen und Abscheu diese Briefe betrachten. Es wird Ihnen möglicherweise absolut nichts erspart und Ihr guter Ruf derart in den Dreck gezogen, dass Sie sich am liebsten für immer vom Ihrer/Ihrem Ex abwenden würden.

Mit Recht.

Aber bedenken Sie dabei, dass Ihr/e Ex in dieser Phase auch unter enormem Druck leidet und möglicherweise ums nackte Überleben kämpft.

Auch der Verkauf oder die Versteigerung der bisher gemeinsam genutzten Immobilie könnte noch drohend bevorstehen. Unter diesen Umständen kann es erklärbar – wenn auch nicht unbedingt akzeptierbar – sein, wenn Ihr/e Ex den letzten Dreck hervorkramt um damit auftrumpfen zu wollen.

Lassen Sie sich von diesen jämmerlichen Versuchen, Ihren Ruf zu beschmutzen nicht beeindrucken!

Lesen Sie sich den Brief des gegnerischen Anwalts durch. Versuchen Sie zu verstehen, in welchen Sätzen die nackte Angst Ihrer/Ihres Ex steckt, wo die reine Boshaftigkeit wie Gift eingeflossen ist und wo der gegnerische Anwalt in seinem Bestreben möglichst künstlerisch die Dinge zu überspitzen und Sie zur Gegenreaktion zu reizen, seine überflüssige Sülze noch mit hineingeschmiert hat.

Je mehr Schmutz Ihre Gegner zum Werfen hervorholen, desto beeindruckender müssen wohl Ihre eigenen Karten sein!

Versuchen Sie, während der schmutzigen Phase ein wenig Abstand zu halten und nicht selbst auf diese Tour mit einzusteigen.

Sie müssen niemandem etwas beweisen. Sie müssen sich auch nicht verteidigen. Wer reinen Herzens ist und angegriffen wird, der entscheidet ganz alleine für sich selbst, welchen Wert er sich selber gibt. Mögen die Anderen glauben oder reden, was sie wollen. Es ist letztlich egal.

Ängste, Hass und Zorn oder Ärger können allerdings zu gesundheitlichen Problemen führen. Freude, Liebe und das Gefühl, das Richtige zu tun führen zu einem inneren Gleichgewicht. Dieses innere Gleichgewicht kann Ihre Gesundheit fördern oder helfen, diese zu erhalten.

Es ist allgemein zu beobachten, dass Trennungen und Scheidungsprozesse von gesundheitlichen Problemen begleitet werden. Das liegt ganz einfach daran, weil unsere Gesundheit immer auch darauf reagiert, ob wir im Einklang mit dem sind, was wir erleben, oder ob wir auf Abwehrhaltung gehen, im Zwiespalt mit unseren eigenen Handlungen stehen, unüberwindbare Probleme vor uns sehen oder ganz einfach die Freude am Leben gegen begründete oder auch grundlose Ängste eingetauscht haben.

Völlig normal sind in diesen Zeiten Angstzustände, Nervenzusammenbrüche, Magengeschwüre, Hexenschuss oder Rückenschmerzen, Depressionen, Selbstmordgedanken, Analvenenthrombosen oder sogar ein Herzinfarkt, der auch immer noch nach etwa ein bis drei Jahren auftreten kann.

All diese oder auch noch weitere gesundheitliche Auswirkungen können durch die enormen seelischen Belastungen entstehen, die während dieses unangenehmen Lebensabschnittes auftreten können.

Um hier möglichst gut gewappnet zu sein, die eigene Immunabwehr also auf Hochglanz zu bringen, ist es besonders hilfreich, ein inneres, harmonisches Gleichgewicht der Gefühle und Gedanken zu fördern.

Positiv Denken und positiv Fühlen sind wichtige Bestandteile für Ihre gute Gesundheit.

Fördern Sie sich selbst, indem Sie Ihr inneres Gleichgewicht möglichst kontinuierlich aufbauen und erhalten.

Der Scheidungstermin vor Gericht und die dabei verkündete Scheidung ist eine reine Formsache, wenn man so will.

Die Verhandlung zur Festlegung des Unterhaltsanspruches hingegen ist da schon eher spannend, denn hierbei geht es ja darum, durch richterlichen Beschluss festzulegen, wem wie viel Unterhalt geschuldet wird – oder sagen wir zusteht.

Liegt dieser richterliche Unterhaltstitel vor, dann kann der Unterhalt, sofern er nicht pünktlich oder freiwillig gezahlt wird auch in Form einer **Gehaltspfändung** durchgesetzt werden.

Sollte das in Ihrem Fall nötig sein, dann gehören Sie sicherlich zu den härteren Fällen.

In aller Regel wird sich ein gewisses Gefühl der Sicherheit einstellen, sobald der richterliche Beschluss über die Höhe und Dauer des Unterhaltes gefällt ist, denn nun wissen alle Beteiligten, was Sache ist, und wie viel Geld von wem an wen gezahlt werden soll.

In diesem Zusammenhang stellt sich ganz konkret die Frage: Wie sieht es mit nachehelichem Unterhalt für den geschiedenen Ex-Ehepartner aus?

Folgt man der Gesetzgebung in der Bundesrepublik, so ist der deutliche Trend erkennbar, dass heute nicht mehr wie früher, der eine Partner ein Leben lang für den Anderen aufkommen muss. Viel mehr wird auch von den Ex-Ehepartnern erwartet, dass sie sich nach der Scheidung wieder finanziell selbst versorgen – was ja durchaus absolut Sinn macht.

Wenn zwei Menschen sich lieben und zusammen ihr Leben verbringen wollen, so sollte es auch ganz natürlich sein, dass beide gleichermaßen von den Vorzügen der gemeinsamen Kaufkraft profitieren.

Gehen nun diese beiden Menschen wieder eigene Wege nach der Trennung/Scheidung, so gibt es keinen Grund, weswegen der eine Ex-Partner selbst nach Jahren noch sein selbst verdientes Geld, das er ohne die Unterstützung und Beteiligung des anderen Ex-Partners erarbeitet hat, mit diesem noch in irgendeiner Form teilen sollte.

Schließlich hat man sich dazu entschlossen, wieder eigene Wege zu gehen und das gemeinsame Leben wurde ja ganz offiziell und für jeden erkennbar in Form der Scheidung per Gerichtsverhandlung mit Anwalt und allem drum und dran beendet.

Einen lebenslangen oder langjährigen Anspruch auf Unterhalt nach einer Scheidung durchsetzen zu wollen zeugt von einem niederen Charakter.

Menschen, die auf Kosten Anderer leben möchten, sogar auf Kosten derer, von denen sie sich getrennt haben – also mit denen sie ansonsten nichts mehr zu tun haben wollen – darf man ohne Bedenken als **Vampire** bezeichnen.

Vampire sind höchst unangenehme Zeitgenossen. Sollten Sie selbst einen solchen Vampir in Ihrem Umfeld haben, dann kann man nur raten: Versuchen Sie möglichst viel Abstand zu gewinnen.

Die Methode mit dem Pfählen kommt ja in unserem Lande nicht in Frage. Sollten Sie selbst das Opfer eines Vampirs geworden sein, dann fragen Sie sich am besten, ob Sie das tolerieren können und auch wollen (weil Sie so viel Geld einnehmen, dass es Ihnen nichts ausmacht) oder ob Sie etwas dagegen unternehmen werden.

Falls Sie sich wehren werden nutzen Sie alle zur Verfügung stehenden Möglichkeiten, um aus dieser Situation zu entkommen!

Noch einmal zur Verdeutlichung: Kindesunterhalt ist eine Selbstverständlichkeit und ein jeder Elternteil sollte stolz darauf sein, finanziell so gut dazustehen, dass dieser Unterhalt geleistet werden kann. Es ist zum Wohle der eigenen Kinder und damit absolut okay.

Ex-Ehegattenunterhalt nach der Scheidung ist eine Zumutung.

Gehen Sie in Revision oder wandern Sie notfalls aus. Wehren Sie sich! Alles Andere wäre absolut unverständlich und könnte für Sie zum Dauerproblem mit gesundheitlichen Folgeschäden werden. Machen Sie dem Universum klar, dass Sie nicht bereit sind auf lange Jahre die Opferrolle einzunehmen und unternehmen Sie alles nur Erdenkliche, den Vampirismus zu beenden! Es wird auch zum Wohle des Vampirs sein, da dieser die Chance erhält, zu lernen, wieder für sich selbst zu sorgen, wenn Sie sich erfolgreich befreit haben.

Am besten und sinnvollsten ist es also, in der Scheidungsvereinbarung auf jeden Fall auch den „gegenseitigen Unterhaltsverzicht" mit aufzunehmen!

Aus meiner Sicht ein absolutes Muss!

Der gegenseitige Unterhaltsverzicht stellt sicher, dass die Scheidung auch wirklich eine klare Trennlinie zieht. Falls der Ex-Partner, der ja nun nach der Scheidung wieder sein eigenes Leben lebt, aus irgend einem Grund finanziell schwächeln sollte, haben Sie nichts mehr damit zu tun.

Sie sind frei und unabhängig von dem Menschen, mit dem das lebenslängliche Zusammenleben gescheitert ist – und das erscheint auf jeden Fall der richtige Weg.

Gleichzeitig bedeutet das aber auch, falls Sie der/die Unterhaltsberechtigte sein sollten, dass Sie selbst ebenfalls dazu bereit sind, finanzielle Möglichkeiten, Chancen auf Unterhalt Ihrem Ex-Partner gegenüber und damit aber auch langanhaltende Abhängigkeiten endgültig loszulassen.

Auch Sie selbst sind dann wieder auf sich alleine gestellt.

Auch Sie geben den scheinbaren Vorteil auf, dass jemand anders – nämlich Ihr/e Ex – für Sie zu sorgen hat, falls es Ihnen einmal schlechter gehen sollte.

Sie sollten diesen scheinbaren Vorteil gerne und feiwillig loslassen, denn in Wahrheit ist es eine Kette, eine Verbindung zu Ihrem/Ihrer Ex, die sie ja nun wirklich nicht mehr brauchen, oder?

Lassen Sie den Menschen, mit dem Sie nicht mehr zusammen leben möchten, voll und ganz los.

Nur das schafft klare Verhältnisse.

Keine Abhängigkeiten mehr, keine vorgegaukelten Vorteile.
Trennen Sie sich finanziell so radikal und endgültig, wie es nur geht!

Stellen Sie sich finanziell wieder auf die eigenen Füße!
Sie werden sehen, wie gut sich das anfühlt!

An dieser Stelle – also mitten in den Scheidungsaktivitäten, den Überlegungen zur Scheidungsvereinbarung und den ganzen Aktionen rund um die eigene Lage, die vielen Briefe, die Ihr Anwalt und die gegnerische Seite schon geschrieben haben, erlauben Sie sich doch einmal einen kurzen Blick auf die Entwicklungsmöglichkeiten Ihrer eigenen finanziellen Lage.

Falls Sie zu den Menschen gehören, die nicht für jeden Pipifax einen Kredit bei der Bank aufnehmen wollen und die ohnehin schon hoch verschuldet sind, dann wird es wohl in Ihrem Interesse sein, dass Sie die finanziellen Verpflichtungen, die im Rahmen der Scheidung auf Sie zukommen – also die Kosten für Ihren Rechtsanwalt, die Gerichtskosten, Unterhaltszahlungen und so weiter – möglichst kalkuliert abwickeln können.

Beachten Sie hierbei bitte eines – Ihr Anwalt verdient sich seine Brötchen damit, Ihnen Dienste zu erweisen. Er vertritt Sie in rechtlichen Angelegenheiten und erhält dadurch das Recht, Ihnen diese Dienste in Rechnung zu stellen.

Hier sollte ein Satz sofort bei Ihnen im Kopf auftauchen:

Vorsicht vor dem eigenen Anwalt!

Ihr Anwalt wird im Laufe der Gespräche mit Ihnen versuchen herauszufinden, wie Ihre individuelle Situation aussieht. Zum einen, damit er Ihnen möglichst gut helfen kann und zum anderen, damit er seinen eigenen Gewinn ebenfalls maximieren kann.

Er wäre dumm, wenn er das nicht so machen würde, denn schließlich lebt er von dieser Arbeit!

Also kann es sehr gut sein, dass er für die verschiedenen Tätigkeiten auch verschiedene Titel anlegt.

Das ist sein gutes Recht und wenn es sich um einen guten und erfolgreichen Anwalt handelt, dann wird er auch genügend Findigkeit besitzen, seine eigenen Interessen ebenfalls mit höchster Effizienz umzusetzen. Das sollte eigentlich klar und verständlich sein.

So wird es mehrere Titel geben in diesem Szenario, das Ihnen selbst möglicherweise immer noch wie ein einziger und zusammenhängender Vorgang erscheint.

Ein **Titel für den Unterhalt**, ein **Titel für die Scheidung**, ein weiterer **Titel für den Zugewinnausgleich** und wieder ein oder auch mehrere **Titel für sonstige Verbindlichkeiten**, die eventuell auch nur auf einem einzelnen Blatt Papier mit Unterschrift zwischen den beiden bisherigen Ehepartnern vorliegen sollten.

Jeder einzelne Titel darf von Ihrem Anwalt extra abgerechnet werden!
Jeder einzelne Titel kostet Sie extra Geld!

Mit jeder einzelnen Unterschrift, die Sie bei Ihrem Anwalt leisten, kann dieser einen neuen, eigenständigen Titel eröffnen mit einem eigenen Streitwert und einer eigenen Rechnung!

Sie sind also beispielsweise nur ein einziges Mal vor Gericht und der Richter entscheidet hier über den Kindesunterhalt und über den Trennungsunterhalt für den Ex-Partner.
Sie erhalten für diesen einzelnen Gerichtstermin in den folgenden Tagen zwei getrennte Rechnungen von Ihrem Anwalt und auch vom Gericht!

Das kann weh tun, ist aber noch lange nicht das Ende!

Falls Sie die Annehmlichkeiten der Prozesskostenhilfe in Anspruch nehmen möchten, so bedenken Sie hierbei bitte folgendes:

Falls Sie glauben, Sie können jetzt streiten, so viel Sie wollen, weil der Staat ja ohnehin alles für Sie bezahlt, so ist das nur zum Teil richtig.

Denn sollte es der Fall sein, dass Sie in den folgenden 48 Monaten nach Abschluss des „Prozesses“ wieder zu Geld kommen sollten, so werden für die Dauer der Restlaufzeit monatliche Rückzahlungen fällig.

Wer also glaubt, die Prozesskostenhilfe ist bewilligt und jetzt kann man streiten auf Teufel komm raus, egal was es kostet, der sollte sich auch gleich auf 4 Jahre Armut nach der Scheidung, nach dem Abschluss des letzten Gerichtsprozesses bzw. letztlich mit dem Beginn der Rechtskräftigkeit der gerichtlichen Beschlüsse, einstellen.

Das kann eine lange Zeit sein für jemanden, der gerne wieder richtig Geld verdienen möchte.

Wenn Sie also im Moment schon recht arm sind, weil Sie keinen eigenen Job haben oder nur ein geringes eigenes Einkommen, wenn Sie außerdem so richtig hemmungslos streiten möchten und danach 4 Jahre in Armut aushalten wollen, um selbst nichts für Ihre Streitereien zu bezahlen, dann könnte Prozesskostenhilfe für Sie echt interessant sein.

Alle Anderen sollten sich mit dem Gedanken anfreunden, dass dieses Geld vom Staat nur geliehen ist und der Staat sich das Geld, zumindest teilweise, zurückholen wird.

Und auch das ist verständlich, den warum sollte die Bevölkerung der Bundesrepublik mehr als nötig für die Streitigkeiten der Bürger untereinander bezahlen?

Und wer nun glaubt, die ganzen Streitereien wären ja gar nicht so besonders teuer, weil man das ja auch alles von der Steuer absetzen kann, dem sei an dieser Stelle gleich verraten:

Das ist falsch!

Scheidungskosten, aber auch nur die Scheidungskosten (Gericht und Anwalt) sind steuerlich absetzbar.

In der Praxis bekommt man dadurch von den Ausgaben einen kleinen Teil wieder zurück, abhängig vom eigenen Steuersatz. Größenordnungen von ca. 20% sind realistisch, alles Andere ist unwiederbringlich weg!

Die Anwalts- und Gerichtskosten für Ihren Zugewinnausgleich und für sonstige Streitigkeiten sind steuerlich nicht absetzbar und müssen zu 100% selbst getragen werden!

Vom Finanzamt werden nur die Scheidungskosten anerkannt.

Alle anderen Ausgaben für Gericht und Rechtsanwalt in Bezug auf Unterhalt, Zugewinn oder alles Andere sind steuerlich nicht absetzbar!

Streiten kostet Geld und zwar Ihr ganz persönliches, eigenes Geld – und nur ein ganz kleiner Teil davon kann über Steuereinsparungen zurückgeholt werden.

Und da wir schon beim Thema Steuern sind – in aller Regel ist eine gemeinsame Veranlagung steuerlich günstiger als die getrennte Veranlagung.

In dem Jahr, in dem die Trennung stattgefunden hat, darf noch **eine letzte gemeinsame Steuererklärung** abgegeben werden.

Das funktioniert aber nur, wenn beide Ex-Partner noch miteinander reden und sich zumindest in Bezug auf die Steuererklärung irgendwie einig werden können.

Es kann eine kleine oder auch große Herausforderung werden, da ja meist bereits ein knappes Jahr später schon die Anwälte im Spiel sein können und die Vertrauensbasis auch schon einen größeren Schaden aufweisen kann.

Dennoch ist es ein finanzieller Vorteil für beide, wenn eine gemeinsame Steuererklärung abgegeben werden kann.

Bewährt hat es sich, wenn die Steuererstattung pauschal zu gleichen Teilen, also Fifty-fifty, untereinander aufgeteilt wird.

Vorsicht vor der Real-Splitting Falle! Falls Ihnen der Begriff Real-Splitting bisher noch nie begegnet ist und Sie jetzt damit konfrontiert werden, was sehr wahrscheinlich ist, dann informieren Sie sich bitte genau, um dann entscheiden zu können, ob das für Sie eine Lösung wäre, oder nicht.

Das Real-Splitting bedeutet im Prinzip, dass zwar eine gemeinsame Steuererklärung abgegeben wird, aber dennoch die Erstattung „realistisch“ getrennt stattfinden soll.
Im speziellen kann die Steuererstattung mit der Real-Splitting-Methode etwas höher ausfallen.
Allerdings bedeutet Real-Splitting auch, dass derjenige, dem weniger zusteht, durch diese Methode nicht benachteiligt werden darf.

Das bedeutet, es sind relativ komplizierte Berechnungen nötig um dann genau festzustellen, wie viele Euros und Cent dem Anderen denn jetzt tatsächlich zustehen, damit eben diese Benachteiligung nicht stattfindet.

Wie Sie vielleicht schon erkennen, birgt diese komplizierte Real-Splitting Methode wieder jede Menge Diskussionsstoff und kann ebenfalls wieder dazu führen, dass mehr oder weniger heftige Streitigkeiten über die Aufteilung des Erstattungsbetrages entbrennen.

Es bleibt zwar in jedem Falle Ihre Entscheidung, ob und wie Sie die Gewinnmaximierung gegenüber dem Finanzamt und Ihrem Ex-Partner anstellen wollen. Einfacher ist in jedem Fall die 50 – 50 – Regelung.

Sie bekommen zwar insgesamt ein bisschen weniger, erhalten sich aber die meisten Freiheitsgrade, weil Sie ganz pauschal mit Ihrem/Ihrer Ex teilen.

Falls einer von beiden das Geld alleine einstecken möchte, gibt es immer noch die Möglichkeit, ein Konto über den Anwalt zur Verfügung stellen zu lassen, so dass der Anwalt dann das Geld aufteilen wird.

Ja – Sie ahnen es schon – dann kann es sein, dass auch diese Dienstleistung wieder in Rechnung gestellt wird.

Reden Sie mit Ihrem/Ihrer Ex, so gut es geht und teilen Sie die Erstattung zu gleichen Teilen.

Bei den geringen Beträgen, die das Finanzamt in der Regel zurückerstattet, lohnt es sich meist wirklich nicht, darüber noch groß zu streiten.

Da sieht es im Allgemeinen mit dem **Zugewinn** schon ganz anders aus. Wenn wir ein erfolgreiches Ehepaar hatten, dann können hier ganz enorme Vermögenswerte vorhanden sein und die Aufteilung – wer bekommt wie viel – kann dann auch entsprechend schwierig werden.

Zudem ist hier jede individuelle Situation unterschiedlich und letztlich gilt es, **eine möglichst gerechte Verteilung der Vermögenswerte** zu erreichen.

Die **Berechnung des Zugewinns** sieht folgendermaßen aus:

Als erstes betrachtet man die **Situation vor der Eheschließung**.

Für jeden der beiden Partner wird eine Auflistung der Vermögenswerte durchgeführt, die am Tag der Hochzeit vorhanden waren.
Wie viel Bargeld oder Kapital war vorhanden? War schon eine Immobilie im Besitz und falls ja, wie kann hier der Wert ermittelt werden? Das gilt insbesondere für den Fall, falls die Immobilie während der Ehe verkauft wurde und dann eventuell auch Immobilienverluste zu berücksichtigen wären. War ein eigenes Auto vorhanden und falls ja, war es abbezahlt und welchen Wert hatte es damals? Welche kapitalbildenden Verträge waren vorhanden, zum Beispiel Bausparverträge mit Guthaben oder Lebensversicherungen?

Waren vielleicht auch Schulden mit in die Ehe gebracht worden? Falls ja, dann gilt hier seit der Reform des Güterrechts im Jahre 2009, dass auch mitgebrachte Schulden mit eingerechnet werden.

Vor der Reform waren diese mitgebrachten Schulden bei der Berechnung des Zugewinnausgleichs auf „Null" gesetzt worden.

Das hatte zur Folge, dass ein verschuldeter Ehepartner, der im Laufe der Ehe mit Hilfe der/des Angetrauten seine Schulden getilgt hatte, einen enormen Vorteil durch die Scheidung hatte. Denn beim Zugewinnausgleich wurden seine Schulden nicht von seinem Anfangsvermögen abgezogen und er bekam zudem die Hälfte des nach der Tilgung seiner Schulden verbleibenden Gewinns.

Heute ist es so, dass die Schulden beim Zugewinnausgleich durchaus wieder auftauchen und der verschuldete Ex-Partner damit auch „gerechterweise" seine vorehelichen Schulden selber zu verantworten bzw. abzuzahlen hat.

Jeder von beiden bekommt die Hälfte dessen, was an Kapital während der Ehe gemeinsam erwirtschaftet wurde – entweder durch harte Arbeit oder durch Ausschlafen und Shopping.

Damit ist es seit 2009 endlich sehr viel gerechter geworden.

Schließlich sollten sich die beiden „Geschäftspartner" am besten auch schon während der glücklichen Phase der Ehe darüber einigen, wer auf welche Weise zum Zugewinn beiträgt. Wenn das Ausschlafen und Shopping als geleisteter Arbeitsbeitrag geduldet wird vom Anderen – Glück gehabt!

Die Situation des Einzelnen vor der Eheschließung ist also die Ausgangslage.

Im Normalfall hat am Tag der Eheschließung der Eine mehr Kapitalwerte und der Andere hat weniger. Das, was vorher schon an Werten da war, darf jeder selbst behalten.

Als nächstes betrachtet man die **Situation während der Ehe**.

Welche gemeinsamen Anschaffungen wurden vom gemeinsam erwirtschafteten Geld getätigt? Wurde eine gemeinsame Immobilie angeschafft, an deren Abbezahlung dann auch gemeinsam gearbeitet wurde? Gibt es gemeinsame Möbel, wie alt sind diese und welchen Wert haben sie noch? Realistisch betrachtet kann man „normale Möbel" nach circa vier oder fünf Jahren als „wertlos" bezeichnen. Zumindest dann, wenn man die Kosten für einen Rechtsstreit wegen der Möbel mit einrechnet. Es lohnt sich also nicht wirklich, um einen alten Schrank zu streiten. Dann stellt sich vielleicht auch die Frage, wer den Fernseher oder die Stereoanlage bekommt.

Als Sonderfall kann man **Schenkungen** und **Erbschaften** betrachten.

Die Schenkung gehört grundsätzlich dem, der sie während der Ehe bekommen hat. Konkret bedeutet das, wenn die Oma der Ehefrau der jungen Familie mit den zwei kleinen Kindern zigtausend Euro „für Euer neues Haus" schenkt, dass die Schenkung zu gleichen Teilen allen Familienmitgliedern gehört.

Auch hier bitte immer realistisch und fair bleiben und nicht in die Gier verfallen.

Falls von Seiten des Ehemannes nicht eine gleich große Schenkung gekommen ist darf man sich fragen, ob die Oma der Ehefrau dem Ehemann das Geld auch geschenkt hätte, wenn sie gewusst hätte, dass die Ehe zerbricht.

Man darf hier üblicherweise ein „wohl kaum" annehmen.

Damit wäre es fair und gerecht, wenn der Ehemann freiwillig und von selbst auf dieses geschenkte Geld verzichtet, also diese Schenkung nicht mit in den gemeinsamen Zugewinn einrechnet.

Bei Erbschaften gilt auch ganz klar: Derjenige, der geerbt hat, dem gehört das Geld auch alleine. Erbschaften fallen nicht unter die Teilungsregeln des Zugewinnausgleichs, sondern bleiben voll und ganz bei dem, der es bekommen hat. Also nicht mit einrechnen.

Alle anderen Vermögenswerte, inklusive Bausparguthaben, Kapitallebensversicherungen oder auch Steuervergünstigungen für die ganz persönliche Eigenheimzulage (Ja, richtig gelesen!!!) gelten als Zugewinn, der unter beiden Ehepartnern zu jeweils gleichen Teilen, also 50 – 50, aufgeteilt werden muss.

Also angenommen, während der Ehe wurden 100.000 Euro gemeinsam erwirtschaftet, weil der Ehemann einen super Job hatte und die Ehefrau sich um Küche und Kaffeekränzchen gekümmert hat, dann gehören davon dem Ex-Ehemann 50.000 Euro und auch die Ex-Ehefrau bekommt die 50.000 Euro in voller Höhe.

Falls eine Einigung hier wieder nur über den Anwalt möglich sein sollte, dann schmälert sich der eigene Betrag um mehrere tausend Euro, denn die gehen dann an den Anwalt. Aber das kennen wir ja schon!

Der Ausgleich sieht also wie folgt aus:

Vom vorhandenen gemeinsamen Vermögen wird das voreheliche Einzelvermögen der beiden Partner abgezogen. Auch Schenkungen oder Erbschaften sind abzuziehen.

Der Rest ist das während der Ehe erwirtschaftete Vermögen. Dieses wird unter beiden Ex-Ehepartnern zu gleichen Teilen aufgeteilt, also jeder bekommt die Hälfte.

Falls hier Uneinigkeiten über den konkreten Wert der einzelnen Positionen (Autos, gemeinsames Haus, Whirlpool, Fernseher usw.) auftreten sollten, dann kann es auch hier schon wieder heftig gewittern und krachen!

Das Gefühl, dabei selbst benachteiligt zu werden, kann sich hierbei sehr schnell einstellen oder breit machen.

Falls eine gemeinsame Immobilie vorhanden ist, wird derjenige, der darin wohnen bleibt, den Wert als möglichst gering einstufen wollen, während derjenige, der sich auszahlen lassen möchte, den Wert eher höher einschätzen wird.

Falls es möglich ist, sich hier noch auf einen gemeinsamen Wert zu einigen, stellt sich die nächste Schwierigkeit dann, wenn es gilt, dass der Eine die Gesamtfinanzierung unter den angespannten finanziellen Verhältnissen nach der Trennung oder Scheidung alleine stemmen möchte.

Kann einer der beiden Ex-Partner die noch vorhandenen Schulden für das Haus alleine abbezahlen und den anderen Ex-Partner darüber hinaus auch noch auszahlen?

Nicht selten kommt genau hier der Moment, wo die bisher gemeinsame Immobilie versteigert werden muss.

Oftmals erfolgt diese Versteigerung unter Zeitdruck und der Verkauf kann nur mit Verlust durchgeführt werden.

Natürlich holen sich die Anwälte auch noch Ihr Honorar ab. Bei dem relativ hohen Streitwert einer Immobilie können das zigtausend Euros sein!

Was dann noch übrig bleibt ist der erstrittene „Zugewinn".

Dieser „Zugewinn" kann rein rechnerisch unter Umständen immer noch sehr hoch ausfallen.

Selten wird man in seinem Leben in so kurzer Zeit einen so hohen Anspruch auf eine große Geldsumme haben, wie nach dem Zugewinn-Urteil, wenn man sich vom Ex-Partner ausbezahlen lässt!

Und jetzt kommt der Höhepunkt des Ganzen! Da Sie ja nicht ganz alleine auf der Welt sind, kann es sehr gut sein, dass Ihre Eltern oder Geschwister, andere Verwandte oder auch „gute Freunde" Ihnen den folgenden Rat geben: „Hol dir, was dir zusteht! Du wirst doch nicht so dumm sein, und auf dein Geld verzichten! Das Geld ist nicht für dich alleine bestimmt – wir machen da gemeinsam etwas Großes draus! Lass uns ein Geschäft aufmachen, ein Unternehmen gründen oder etwas Ähnliches. Jetzt kannst du dich selbständig machen und mich und meine Freundin bei dir einstellen! Du kaufst dir davon ein neues Haus und wir wohnen dann in deinem Haus in der Etage über dir!"

Oha!!! Falls Sie glauben, diese Sätze wären unrealistisch, dann sind Sie wirklich noch grün hinter den Ohren! Alle diese Sätze entspringen der Realität und wurden an dieser Stelle nur zitiert.

Sie erkennen schon selber leicht, dass immer dann, wenn es um große Geldsummen geht, bei vielen Menschen die Mangelgedanken und auch die Gier zu Tage treten. Die Einen haben Angst, Sie könnten zu kurz kommen und die Anderen sehen die große Chance, sich an Ihnen zu bereichern.

Ich wünsche Ihnen ganz viel Kraft und ein waches Bewusstsein, diese Umtriebe haarscharf zu erkennen und wie mit einem Schwert alles zu zertrennen, was nicht zu Ihnen gehört oder Sie von Ihrem eigenen Seelenweg abbringen könnte!

Überlegen Sie nur einen Moment:

Auch wenn Sie bisher immer zum Ziel hatten, dass die während der Ehe gemeinsam erworbene Immobilie erhalten bleibt, damit die Kinder auch weiterhin in der gewohnten Umgebung leben und aufwachsen können – dann kann genau dieses Ziel in der Realität unter Umständen sehr schnell unerreichbar erscheinen.

Meist ist es so, dass einer alleine das gemeinsame Haus mit den noch vorhandenen Schulden unter der Verpflichtung, dem Anderen auch noch den Zugewinnausgleich auszubezahlen, nicht halten kann.

Der Streitwert des Hauses wird also geschätzt und das Haus unter anwaltlichem Zeitdruck zur Versteigerung angeboten. Durch die notwendige Versteigerung wird oftmals nur ein viel zu kleiner Gewinn erwirtschaftet. Hiervon sind die Gerichts- und Anwaltskosten abzuziehen, und dann bleibt ein Rest übrig, der letztlich anzeigt, ob es „das alles wirklich wert ist".

Zu welchem Ergebnis kommen Sie? In Ihrem ganz persönlichen Fall – wie sieht das Ergebnis aus?

Das Elternhaus wird versteigert. Die Kinder, die schon unter dem Auszug des einen Elternteiles unermesslich gelitten haben und dadurch einen nicht wieder gut zu machenden Schock erlebt haben, verlieren jetzt auch noch das gewohnte Kinderzimmer.

Sie werden von Ihnen (oder Ihrem Ex-Partner) gezwungen, in eine völlig neue Umgebung umzuziehen. Die neue Umgebung wird häufig wegen der schlechteren finanziellen Situation auch einen sozialen Abstieg bedeuten. Kleinere Zimmer, vielleicht auch nur noch ein gemeinsames Kinderzimmer für alle Kinder und eventuell auch eine neue Wohngegend, die nicht wirklich Freude bereitet.

Ist es das wirklich wert?

Und bedenkt man dann noch, dass Sie oder Ihr/e Ex ein paar Tage nach der Versteigerung und dem Auszug vielleicht einen tödlichen Unfall haben – was dann?

Ist es das wirklich wert?

Dann kann es sein, dass Ihre Kinder, die bereits unter der Trennung enorm gelitten haben – jetzt nach Ihrem Tode nur noch eines sagen werden:

„Erst hat er/sie uns alleine gelassen, uns dann aus der Wohnung geschmissen und dann stirbt er/sie – das hat er/sie jetzt davon!"

Finden Sie wirklich, dass das genau die richtige Lösung für Ihren individuellen Fall ist? Die meisten Anderen, mehr als 98% machen es genau so!

Streiten, das eigene Recht bis zum Schluss einfordern und abrechnen!

Fühlt sich das wirklich gut für Sie an? Entspricht diese Lösung genau dem, wie Sie es sich vorstellen? Und sagen Sie jetzt bloß nicht: „Es gibt keine andere Lösung!"

Das eine ist es, mit dem Verstand eine Lösung zu erarbeiten. Wie die aussieht, das können Sie sich denken.

Verstandeslösungen funktionieren, das steht außer Frage. Aber sie haben auch nur die Verstandesqualität zu bieten. Messbar, rational, funktionell.

„Stellt Euch mal alle nicht so an – ich habe mir nur das genommen, was mir zusteht!"

Falls bisher allein der Weg des Verstandes Ihr ganz persönlicher Weg war, dann sollten Sie vielleicht auch einmal offen für neue Lösungen sein.
Wenn Sie es immer so machen, wie alle Anderen, dann bekommen Sie auch die selben Ergebnisse, wie alle Anderen.

Falls Sie das Gefühl haben, dass Ihnen diese ganz normale Lösung, wie sie von den meisten tagtäglich praktiziert wird, nicht wirklich gut gefällt, dann ist es sehr gut möglich, dass Sie ein Herz haben, das noch richtig gut funktioniert!

Vielleicht gehören Sie zu den Menschen, die auch anderen Menschen neue Hoffnung schenken können, die immer einen liebevollen Ausweg aus allen noch so schwierigen Lagen finden.

Dann sind Sie vielleicht ein wirklich positiver Mensch, dem das Leben und die Liebe mehr bedeutet als der Streit ums Geld.

Falls das so ist, dann möchte ich Ihnen im folgenden eine Lösung vorstellen, die Ihnen gefallen wird.

Wenn Sie bis hierher gekommen sind, dann haben Sie bereits so vieles durchgestanden: Den Streit um Unterhalt, die ganze schmutzige Wäsche, die auf dem richterlichen Tisch ausgebreitet wurde, die Entscheidung, bei wem die Kinder leben werden, wer in der bisherigen Immobilie bleibt und wer auszieht.

Nach all den Problemen mit dem gegnerischen Rechtsanwalt, den ganzen Klagen und Gerichtsbeschlüssen – da werden Sie wohl kein Interesse daran haben, jetzt auch noch die gemeinsame Immobilie zu zerstören.

Sie haben bis hierher einen Krieg erlebt, den keiner von Ihnen wollte. Sie haben sich damals die Treue geschworen – in guten und in schlechten Tagen. Was ist daraus geworden? Wo ist die gute Absicht, die Sie damals noch mit in die Ehe gebracht hatten?

Wie vieles ist durch die Enttäuschung und den Schmerz schon kaputt gegangen?

Vielleicht sind Sie des Streitens inzwischen müde geworden. Vielleicht wünschen Sie sich nur noch eines: Dass Sie die gemeinsame Immobilie vor der Versteigerung retten können, damit Ihre Kinder darin wohnen bleiben können.

Ihre Kinder haben bisher wahrscheinlich immer an Sie geglaubt, Ihnen vertraut, Sie geliebt. Wenn Sie jetzt den Krieg weiter führen wollten, dann hieße das, auch ein Stück weit gegen Ihre eigenen Kinder zu kämpfen.

Für wen? Für die Anderen? Für Ihre guten Freunde? Für Sie selbst?

Wäre es nicht sehr viel sinnvoller, die Waffen niederzulegen und mit dem Herzen für die Kinder diese letzte Schlacht aufzugeben, damit Ihre Kinder gewinnen?

Lassen Sie die alte Immobilie los. Wenn Ihre Kinder noch in dem bisher gemeinsam bewohnten Elternhaus wohnen, dann lassen Sie diese alte Immobilie jetzt einfach los!

Schenken Sie das Haus Ihrem/Ihrer Ex-Partner/in und lassen Sie sich nur das ausbezahlen, was Ihr/e Ex finanziell schafft. Geben Sie keine Zahlen und keinen Zeitraum vor. Lassen Sie es den/die Ex entscheiden.

Sie werden aufrecht aus dem Krieg abziehen. Ihr/e Ex wird ein Gewinner sein, weil Sie ihn/sie dazu gemacht haben.

Nach dem Gesetz der universellen Gerechtigkeit, die immer wirkt und der niemand entkommen kann, wird sich diese gute Tat positiv für Sie auswirken – wenn Sie es zulassen.

Es lohnt sich, wenn Sie in dem Moment, wenn Sie die alte Immobilie (in Liebe!) loslassen, beim Universum Ihren Wunsch für Ihr Neues Zuhause formulieren.

Wie wäre es etwa so:

„Ich möchte für mich selbst eine Lösung finden, die ich aus eigener Kraft und ganz leicht selbst finanzieren kann. Ich wünsche mir ein kleines Haus, im Grünen, das ich mir mit dem Kreditrahmen, der mir zur Verfügung steht, locker leisten kann. Und – ich möchte die Differenz, den Geldbetrag, den ich praktisch „verloren“ habe, als ich die alte Immobilie an meine/n Ex losgelassen habe, vom Universum erstattet bekommen!“

Die **Differenz** wäre der Betrag, der sich errechnet aus dem halben Versteigerungsgewinn (Ihr Batzen vom Gewinn) abzüglich Rechtsanwaltskosten und Gerichtskosten (also der Rest vom Batzen, der Ihnen nach Abzug aller Unkosten bliebe) minus dem Betrag, den Sie von Ihrem/Ihrer Ex-Partner/in für die überlassene Immobilie noch bekommen werden.

Diese Differenz, die Sie durch das Loslassen der alten Immobilie „verloren" hätten, wird das Universum Ihnen „gutschreiben oder zurückerstatten" wenn Sie selbst davon überzeugt sind, dass Sie es wirklich „wert" sind!

Es wird funktionieren – die geistigen Gesetze wirken ebenso wie die Schwerkraft. Auch wenn wir die Gravitation nicht erklären oder aufheben können, dann ist sie dennoch da und wirkt. Die geistigen Gesetze ebenso.

Mag es einem Einzelnen vielleicht schwierig erscheinen auf einen Schlag 15.000 Euro zu erwirtschaften, so ist diese oder auch jede andere Summe für das Universum völlig problemlos zu beschaffen – da alles Geld der Welt im Universum vorhanden ist!

Wie schnell sinkt der Kaufpreis für Ihr zukünftige Haus um 15.000 Euro, wenn das Universum Sie unterstützen möchte?

Vertrauen Sie ruhigen Herzens auf die Kraft des Universums.

Es wird problemlos möglich sein, solange Sie das Geld auch wirklich annehmen möchten – solange Sie sich sicher sind, dass Sie ganz persönlich es wirklich „wert" sind.

Und dann – wenn Sie diesen selbstlosen Schritt getan haben und ihrem/Ihrer Ex die Immobilie überlassen haben – stellen Sie sich doch einmal vor, wie wohl Ihr Verhältnis zueinander in etwa 4 bis 5 Jahren aussehen wird.

Sicher besser, als wenn Sie den Krieg, den keiner gewinnen kann, bis zum Ende durchgefochten hätten, nur um Ihr vermeintliches Recht zu bekommen.

Gemeinsame Kinder wünschen sich immer, dass ihre Eltern sich vertragen!

Falsche Freunde sehen nur den eigenen Gewinn und glauben dabei vielleicht noch an einen unrealistischen Traum, der schneller zerplatzt als eine Seifenblase.

Wenn Sie feststellen, dass Sie zu wenig Geld haben, dann lassen Sie sich etwas einfallen. Nutzen Sie Ihre Talente. Kein Jammern oder Klagen.

In unserem Land ist noch niemand verhungert, aber es haben sich schon viele aus eigener Kraft einen unermesslichen Reichtum erschaffen.

Mit den richtigen Ideen, ein wenig Mut, ein bisschen Glück und vor allem mit viel Freude an der eigenen Tätigkeit ist alles möglich!

Falls Ihre Freunde sich an Ihrem Geld hätten bereichern wollen, dann können auch diese sich in die Hände spucken und anpacken, um für sich selbst ein wenig Geld zu erwirtschaften.

Niemand wird sie daran hindern, außer sie tun es selbst.

Wenn es sich für Sie richtig anfühlt die alte Immobilie herzugeben und loszulassen, dann machen Sie es ruhig so.

Es wird genau richtig sein!

Und lassen Sie die Anderen darüber denken oder reden, was sie wollen. Sie sind nur sich selbst und vor allem Ihrem Herzen verantwortlich.

Warum? Ganz einfach: Unser Verstand ist kräftig, auch wenn er nicht immer gleich eine passende Lösung findet oder eben nur zu Lösungen befähigt ist, die eine „Verstandesqualität" haben.

Unser Herz hingegen ist sehr verletzlich. Seine Lösungen werden aus der Liebe geboren. Unser Herz kann auch mutig und selbstlos sein, obwohl es so sehr verletzbar ist. Eine Herzenslösung wird immer auch andere Menschen sanft berühren.

Für eine Verstandeslösung können wir uns gratulieren: „Das hast Du wirklich gut gemacht!"

Für eine Herzenslösung lautet die Bewertung: „Das war genau richtig so!"

Wenn es sich für Sie „richtig anfühlt" dann wird auch Ihr Verstand erkennen, dass die Lösung aus dem Herzen eine richtig gute Entscheidung war.

Unsere Menschlichkeit entsteht im Herzen. Leisten Sie sich den Luxus in unserer heutigen Zeit so oft es Ihnen möglich erscheint, eine Lösung aus dem Herzen, dem Zentrum Ihrer Menschlichkeit, zu erschaffen.

Sie werden sehen, Sie werden ein anderer Mensch werden und mit Ihren Ergebnissen sehr viel glücklicher und zufriedener sein.

Solange Sie weiter streiten, hat Ihr Anwalt viel Arbeit mit Ihnen und sie verlieren eine ganze Menge Geld!

Sobald Sie einen Weg finden, mit dem Streiten aufzuhören, kann Ihr Anwalt sich um die anderen Mandanten kümmern und von denen das dicke Geld kassieren – und Sie selbst sparen sich ab dann eine ganze Menge Geld.

Der Anwalt ist nur und alleine an Ihrem Geld interessiert. Dafür leistet er sehr gute Arbeit, wenn Sie ihn richtig gewählt haben.

Bitte denken Sie daran: Sobald Sie aufhören zu streiten, will Ihr Anwalt sein Honorar von Ihnen haben. Wenn Sie jetzt vorgeben, nicht sofort zahlen zu können, werden Sie mal ein ganz anderes Gesicht Ihrer Anwaltskanzlei kennen lernen. Dann sind alle gar nicht mehr so freundlich und hilfsbereit zu Ihnen, sondern werden Ihnen klipp und klar sagen, dass Sie von Anfang an gewusst haben, dass Anwaltskosten auf Sie zukommen werden und dass Sie dann eben einen Kredit aufnehmen müssen!

Spätestens jetzt erkennen Sie, dass der Anwalt nicht Ihr Freund ist und dass er es niemals war!
Der Anwalt arbeitet für Sie, und er tut das nur, weil er dann Anspruch auf Ihr Geld hat.

Jeder Anwalt hat großes Interesse daran zu streiten – am Streit verdient er sein Geld!

Je schneller Sie Ihrem Anwalt das Mandat wieder entziehen können, um so mehr Geld können Sie sparen!

Zum Abschluss der Scheidungsphase möchte ich Ihnen noch ein paar Gedanken zu den **Geistigen Gesetzen** mit auf den Weg geben, zu wichtigen Themen, die uns Menschen im Leben ständig begleiten:

Geistige Gesetze zum Thema:

- **Selbstwert**

Der Wert eines jeden Menschen ist gleich bedeutend – egal, ob es ein Präsident oder ein Bettler ist.

Wenn Sie glauben, dass Sie durch die Trennung und Scheidung so vieles verloren haben, dass Ihr Leben nun nicht mehr „lebenswert" ist, dann liegen Sie damit falsch.

Es bedeutet Nichts, wie vieles wir besitzen oder ob um uns herum die Welt in Frieden und Harmonie lebt oder ob alles zerstört und zerbrochen ist.

Es kommt darauf an, wie wir selbst mit uns – in unserem Inneren – umgehen, welchen Frieden wir mit uns und in uns gefunden haben und ob wir die Tage unseres Lebens gerne und mit Freude leben. Auch Menschen die alles verloren haben, können die Kraft und den Mut aufbringen, wieder neu anzufangen. Wie sieht es mit Ihnen aus?

Sie hatten etwas aufgebaut: Eine Familie, finanzielle Fülle, ein Haus, ein Auto, den Whirlpool im Garten und vieles mehr.

Und dann macht Ihnen Ihr/e Ehe-Partner/in einen Strich durch die Rechnung.

Sie verlieren Ihr Zuhause, den Zusammenhalt der Familie, das gemeinsame Haus, den Whirlpool und stehen nur noch vor einem Trümmerhaufen.

Jetzt bleiben nur noch Sie selbst übrig und Ihre Einstellung zu Ihrem Leben.

Werden Sie die Kraft haben, wieder neu anzufangen und sich ein neues Leben aufzubauen?

Wenn ein anderer Mensch das einreißt, was Sie sich aufgebaut haben – brechen Sie zusammen und verzweifeln oder stehen Sie wieder auf und fangen wieder neu an?

Wenn wir unseren eigenen Wert – unseren Selbstwert – erkannt haben und ihn auch annehmen, dann werden wir immer wieder aufstehen und neu anfangen.

Weil wir es uns wert sind, weil wir über unser Leben kreativ entscheiden, Tag für Tag, mit den Möglichkeiten, die wir heute haben.

Ein Mensch, der seinen Selbstwert positiv beurteilt und richtig hoch einschätzt, wird immer aufrecht durchs Leben gehen, selbst wenn um ihn herum die Stürme toben.

Je mehr wir uns selbst annehmen und uns selbst unterstützen, desto mehr Hilfe und Unterstützung bekommen wir auch von außen über unsere Mitmenschen.

Wenn das, was schlecht geworden ist, zerbricht, dann entsteht daraus die Möglichkeit, etwas Neues, Unverbrauchtes zu beginnen. Darauf sollten Sie sich konzentrieren, darauf dürfen Sie sich freuen.

Sie sind es wert, Ihr Leben lebenswert zu machen.

- Liebe

Liebe bedeutet Zuwendung. Wir Menschen wollen alle „geliebt werden“.

Schon als Kind versuchen wir, die Liebe der Eltern zu erhalten. Wir wollen gelobt und umarmt, angenommen und gestreichelt werden. Ein Baby, das in den ersten Tagen seines Lebens keine Liebe erfährt, stirbt wieder.

Wir brauchen die Liebe zum Überleben, genau so, wie wir die Mutter brauchen, die uns über Ihre Brust ernährt

Irgendwann lernen wir Aufzustehen und zu Laufen. Haben wir uns am Anfang noch an der Hand der Eltern festgehalten, so stehen wir schon bald alleine auf, um unsere Schritte auch ohne Hilfe der Eltern zu gehen. Wir lernen, selbständig zu laufen und legen unsere Abhängigkeiten damit Schritt für Schritt ab.

Nur in der Liebe bleiben viele Menschen auf dem kindlichen Stand stehen.

Sie erwarten und brauchen die Liebe von außen. Sie wünschen sich einen Menschen, der Ihnen Liebe schenkt, der Ihnen zeigt, dass sie liebenswert sind, der zu Ihnen steht und Ihnen das Glück auf Erden bereitet.

Wenn beide Partner dieses Glück auf Erden über den Anderen erreichen wollen, weil sie es selbst noch nicht für sich alleine gefunden haben, dann sind und bleiben diese beiden Menschen – möglicherweise ein Leben lang – voneinander abhängig.

Stirbt der Eine, dann verfällt der Andere in tiefe Depression und leidet oft jahrelang bis in den eigenen Tod.

Ein Mensch, der auch in der Liebe seine eigenen Schritte geht, wird lernen, sich selbst zu lieben, die Liebe in sich selbst zu entdecken und dann anfangen, diese Liebe einfach da sein zu lassen. Dieser Mensch spürt dann mehr und mehr, wie die Liebe ihn mit Allem, was um ihn herum existiert, verbindet.

Er lernt und spürt die Verbindung zur Natur, er liebt das feuchte grüne Gras, die frische Luft mit dem Geruch von Honig, den die Blüten in seiner Nähe verströmen.

Er liebt die Begegnung mit den Tieren und lernt über diese Liebe und die damit verbundene Zuwendung auch eigene Ängste zu überwinden – oder zumindest, sich diesen Ängsten zu stellen oder sie als solche zu erkennen und wahrzunehmen.

Ein Mensch, der liebt, fängt an, das Leben mit liebevollen Augen zu betrachten. Alles „Böse“ schwindet.

Eifersucht, Neid und Gier verlieren Ihre Bedeutung.

Es gibt keinen Grund und Anlass mehr für Streit und Krieg. Innere Ruhe kehrt ein und das Gefühl, auch alleine mit sich selbst sehr glücklich zu sein.

Ein Mensch, der die Liebe in sich selbst gefunden hat, ist eine Bereicherung für seine/n Partner/in, denn er „braucht“ keine Liebe von außen. Er ist schon glücklich und liebt aus sich heraus.

Zwei Menschen, die um diese innere Liebe zu sich selbst und mit sich selbst wissen, erfahren eine Partnerschaft als liebevolle Bereicherung.

Es gibt keine „Regeln“ und „Vorschriften“ mehr. Liebe beinhaltet auch die Fähigkeit loszulassen.

Die Freiheit des/der Partners/Partnerin wird geachtet und unterstützt, die eigene Freiheit wird bewahrt.

Es entsteht eine Harmonie der gegenseitigen Anerkennung, der Toleranz – und – natürlich der Liebe selbst.

Wenn Sie an Ihre vergangene Ehe zurückdenken, dann hatten Sie dieses Gefühl dort schon lange nicht mehr, richtig?

Sie können sich froh und glücklich schätzen, dass diese dunkle Phase für Sie ein Ende gefunden hat!

- **Harmonie**

Harmonie bedeutet ein gemeinsames Schwingen, auch bei unterschiedlicher Tonhöhe oder Frequenz. Es stellt sich ein Wohlklang ein, der aber nicht ein Einklang sein muss.

Harmonie ist ein Zustand des angenehmen Glücks, der Entspannung.
Es gibt keinen Ärger, keinen Zorn und keine Angst.
Ruhe, Zufriedenheit, ein Lächeln und die Gewissheit, dass die Welt um einen selbst „in Ordnung ist".

Harmonie braucht immer einen zweiten Pol, einen anderen Menschen oder einen Ort, einen Gegenstand, die Natur, die Weite des Alls oder was auch immer.

In Harmonie treten oder sich in Harmonie begeben oder sich in eine bestehende Harmonie einzufügen bedeutet immer, dass man nicht alleine ist.
Es bedeutet, im harmonischen Zusammenklang mit etwas oder jemand Anderem zu sein.

Harmonie mit einem Lebenspartner zu erreichen gelingt viel leichter, wenn beide Partner eine innere Harmonie mit der Welt, der Natur, der Schöpfung erfahren und erlernt haben.

Harmonie zerbricht am Streit, an der Intoleranz, an unsinnigen Regeln und Vorschriften oder falschen Eitelkeiten.
Harmonie verschwindet sofort, wenn einer der Beteiligten einen „falschen Ton“ anstimmt, der aber für ihn selbst durchaus in diesem Moment richtig sein kann.

Harmonie braucht Nähe – manche Töne brauchen Abstand um wohl zu klingen.
Immer in Harmonie zu bleiben führt zu einem eintönigen Leben, wenn der eigene innere Ton sich verändern möchte, es aber nicht kann, weil sonst die Harmonie zerstört wird.

Harmoniebedürftigkeit ist damit eine Gefahr für jede Beziehung, Ehe oder Partnerschaft.
Nur wer selbst tolerant genug ist, den Abstand zum anderen zu akzeptieren, damit die individuellen Töne für sich alleine klingen können, erkennt den Wert der Annäherung, wenn die beiden Töne sich danach wieder in Harmonie zusammentun.

Harmonie bedeutet damit auch ein ständiges sich Annähern wollen und gehen lassen ohne festzuhalten.

Harmonie ist der Schwingungswechsel von Nähe und Abstand in einem Rhythmus, der für alle Beteiligten „in Ordnung“ ist.

Harmonie entsteht, wenn alle Beteiligten die Gesetze und Regeln des Zusammenklangs kennen und gerne anwenden.

- **Verzeihen (auch sich selbst!)**

Liebe entspringt aus der Zuwendung. Verzeihen bedeutet, sich wieder zuwenden, nachdem man sich abgewendet hatte.

Verzeihung ist damit das Ende der Abwendung.

Wenn Liebe Zuwendung bedeutet und Nicht Verzeihen Abwendung ist, dann erkennen wir die enorme Bedeutung des Verzeihens.

Die Liebe heilt alle Wunden. Wenn wir uns abwenden sind die Türen und Tore für alle möglichen Krankheiten offen.
Ein Mensch, der nicht verzeiht, muss sich selbst abwenden also der Liebe entwenden, um dies zu tun.
Ein Mensch, der sich von der liebevollen Haltung abwendet, läuft große Gefahr, dadurch krank zu werden.

Wir sagen ja auch: „Ich bin von deinem/seinem/ihrem Verhalten schwer gekränkt!"

Falls Sie während Ihrer Ehe betrogen wurden und jetzt immer noch sauer, „gekränkt", verletzt und unzufrieden sind, dann sind die Türen für alle möglichen Krankheiten offen. Dann kann Ihre Seele so sehr leiden, dass es Sie innerlich zerfrisst.

Der ganze Ärger, die Demütigung, die Missachtung der eigenen Person, als der/die Partner/in den Betrug begonnen und praktiziert hat, der Groll und Hass, der sich aufgebaut hat, die Abscheu und Verachtung – all die vielen Ereignisse, die dazu geführt haben, dass Sie heute „sauer, enttäuscht und verärgert" sind – alle diese Zusammenhänge können Sie krank machen, bis in den Tod.

Verzeihen ist die Rückkehr in den Heilungsprozess. Verzeihen bedeutet anzuerkennen, dass Fehler passiert sind. Verzeihen bedeutet zu erkennen, dass diese Fehler menschlich bedingt waren.

Ein Mensch, der eine Entscheidung trifft, die Ihnen nicht gefällt, Ihnen Schmerzen bereitet und weh tut, wird für seine Handlungen immer auch Gründe haben.

Entweder ist dieser Mensch zu oberflächlich, zu rücksichtslos oder auch zu egoistisch in seinem Tun, oder er erkennt gar nicht, dass er Ihnen damit weh tut.

Vielleicht ist es ihm auch egal und möglicherweise handelt er aus einem dringenden Bedürfnis heraus, aus Wut oder Angst. In jedem Fall hat er seine Gründe, die er vielleicht noch nicht einmal selbst versteht.

Wann immer etwas „Unverzeihliches" passiert, dann sind das Dinge, die wir selbst als „Falsch" bewerten – weil wir den großen Vorteil haben, diese Dinge als „Falsch" erkennen zu können. Der Täter erkennt dies möglicherweise nicht.

Wir erkennen die Tat und bewerten sie nach unseren Maßstäben als „Falsch".

Und dann erfolgt die Abwendung vom Täter.

Wir fühlen uns gekränkt – egal, ob der Täter uns tatsächlich kränken wollte oder nicht. Wir entscheiden ganz für uns alleine, wie wir auf diese „falsche Tat" reagieren wollen.

Je länger wir verärgert, enttäuscht und beleidigt sind, um so länger kann die Krankheit an uns nagen.

Die Zuwendung, die über das Verzeihen stattfindet, erlöst in erster Linie (einmal mehr) uns selbst.

Wenn wir es uns wert sind, uns selber zu verzeihen, was immer der erste Schritt sein sollte(!), und je mehr wir bereit sind, auch dem Täter zu verzeihen, um so eher kommen wir zurück in die Liebe, die in uns wohnen möchte und die uns im Inneren durchstrahlt, heilt und erfüllt.

Verzeihen bedeutet, sich selbst die Heilung zu erlauben.

- Verluste

Verluste sind wie ein kleiner Tod. Wenn wir sterben, dann verlieren wir Alles. Wir müssen unsere angesammelten Reichtümer alle zurücklassen und die Überlebenden teilen sie dann unter sich auf – nach den in der Gesellschaft geltenden Rechten und Gesetzen.

Einen Verlust zu erleiden und diesen zu überleben ist daher wie ein kleiner Tod.

Doch bei genauerer Betrachtung ist es nicht viel mehr als eine Kruste, die von uns abgefallen ist.

Wir kommen in diese Welt, weil eine Frau sich bereit erklärt hat, uns das Leben zu schenken.

Wir kommen mit leeren Händen hier an und werden (wenn alles gut läuft) vom ersten Tag an mit Liebe, Nahrung und Kleidung beschenkt.

Und wenn Sie heute einmal betrachten, was Sie alles angehäuft haben in Ihrem Leben, so werden Sie auch nach der Trennung und Scheidung feststellen, dass Sie immer noch Kleidung und Nahrung zur Verfügung haben.

Mit ein wenig Glück haben Sie auch schon wieder ein neues Zuhause gefunden, haben einen guten Job und verdienen Ihr eigenes Geld. Und die Liebe können Sie in sich selbst entdecken und dann nach Lust und Laune wachsen lassen, so viel Sie es möchten.

Der Verlust, den Sie durch die Trennung/Scheidung erlitten haben, ist der Rede gar nicht wert.

Sie haben überlebt – das alleine zählt.

Wenn Sie die Liebe in sich tragen und sich bewusst sind, dass Sie vom ersten Tag an, als Sie auf der Erde eingetroffen sind, beschenkt wurden und feststellen, dass alles, was Sie jetzt noch an materiellen Gütern „besitzen", ebenfalls Geschenke der Welt an Sie sind, dann werden Sie feststellen, dass Sie nicht besonders viel verloren haben.

Und die wirklich bedeutenden Reichtümer sind ohnehin die Dinge, die Ihnen niemand wegnehmen kann.

Das sind die Erinnerungen, die Gefühle. All diese schönen Momente, die Sie erlebt haben und an die Sie immer wieder gerne zurückdenken, die kann Ihnen noch nicht einmal der Tod entreißen.

Die inneren Werte – Erlebnisse, Erinnerungen, Gefühle und vor allem das Gefühl von Freiheit und Liebe – das sind die wahren Schätze.

Schätze, die Ihnen für immer zu eigen geworden sind.

Alles Andere können Sie sich jederzeit in noch größerem Maße wieder „erarbeiten" – und mit Hilfe und Unterstützung aus dem Universum sollte das auch relativ leicht gelingen.

Verluste schaffen Platz für Neues.

Ist das alte Haus erst weg, sind Sie frei für ein Neues Haus, das allem Erwarten nach sogar wesentlich besser zu Ihnen passt.

Jeder Verlust gibt Ihnen ein Stück Freiheit, mit dem Sie kreativ umgehen können, wenn Sie bereits Vertrauen in das Leben entwickelt haben.

- **Festhalten**

Es wirkt so lächerlich aus den Augen des Todes, wenn wir Menschen an diesen materiellen Gütern so verkrampft festhalten.

Und in der Tat ist jedes Festhalten auch aus einem Mangelbewusstsein geboren. „Ich gebe das nicht her! Das gehört mir! Wenn ich es hergeben würde, dann hätte ich es ja nicht mehr! Wer weiß, wie schwer es sein wird, so etwas wieder zu bekommen! Was habe ich nicht alles an Geld und Arbeit da rein gesteckt! Das gebe ich doch jetzt nicht her! Das gehört mir! Wenn mein/e Ex das haben will, dann wird er/sie es sich schon mit Gewalt holen müssen! Lieber zerreiße ich es, bevor ich es loslasse!"

Diese „Klammergedanken" sind für uns selbst ganz große Hürden zum eigenen Erfolg.

Je mehr wir versuchen, an Dinge heranzukommen, die jemand anders auch haben möchte, je mehr wird ein Wettstreit entbrennen.

Und jeder Wettstreit birgt auch die Gefahr der Gedanken daran, es selbst nicht schaffen zu können, etwas zu verlieren, zu kurz zu kommen oder auf der Strecke zu bleiben.

Unser gesamtes Wirtschaftsystem ist auf Wettbewerb, oder sagen wir ruhig Wettstreit, ausgelegt.

Diesem Wettstreit liegt der Gedanke zu Grunde, dass nicht genug für alle da ist, dass man selbst kämpfen muss, um zu seinem Recht oder zu seinem gehörigen Anteil zu kommen.

Festhalten signalisiert dem Universum einen Mangelzustand.
Das Universum schickt uns immer das, was wir ihm signalisieren!

- **Verschenken**

Ein Mensch, der in Liebe die Dinge loslässt und in dem Bewusstsein lebt, dass er jederzeit, wenn es für ihn gut und richtig ist, etwas Neues und sogar noch Schöneres bekommen kann, der sendet ein ganz anderes Bewusstsein ins Universum.

„Soll er/sie das Haus doch haben. Dann kann er/sie darin in Ruhe weiter leben und glücklich sein. Ich werde ein neues Zuhause finden, das noch schöner sein wird. Ich werde immer mehr als genug Geld haben, um mir all die Dinge leisten zu können, die ich für mein Leben hier auf Erden wirklich brauche. Mir ging es bisher gut und mir wird es auch in Zukunft immer gut gehen. Wenn ich freiwillig loslasse, spare ich uns beiden eine ganze Menge Geld. Vielleicht hat er/sie das nicht verdient – aber wer bin ich, dass ich darüber urteile. Ich lasse es los, dann kann er/sie damit glücklich sein und ich sorge sowieso am besten für mich selbst. Ich habe alles, was ich brauche, ich kann alles erreichen, was ich möchte und ich habe Freude an meinem Leben. Alles, was ich erlebe, macht einen Sinn und ist gut für mich. Es wird nur Positives für mich entstehen, weil das Universum mich immer unterstützt und weil ich mich selbst ja liebe. Es kann nur Gut gehen!“

- **Gewinnen**

„Ich muss den Rechtsstreit gewinnen! Ich werde mir den besten Anwalt nehmen und dann gewinne ich!"

Solche Gedanken beinhalten immer auch die Möglichkeit, dass wir verlieren könnten, wenn wir irgend etwas nicht ganz richtig machen, oder wenn der/die Andere aus irgend einem Grunde besser ist, als wir oder den besseren Anwalt hat usw.

Mit solchen Gedanken wird „Gewinnen" immer auch eine Frage von „Verlieren". Es kann nur Einer gewinnen, der Andere oder die Anderen müssen also verlieren.

Wie wäre es denn, wenn es sich auf die Anderen überhaupt nicht auswirkt, wenn wir gewinnen oder wie wäre es, wenn wir gewinnen und die Anderen auch?

Wäre das nicht viel besser?

Letzte Woche habe ich zwei Gewinne gemacht.

Zuerst habe ich für Mittwoch Abend zwei Eintrittskarten für die Harry Potter Kino-Vorpremiere in 3D gewonnen, inklusiver zwei 3D-Brillen. Die Vorstellung war in München und die Entfernung, der zeitliche Aufwand und die kurze Zeit bis dahin haben den Besuch für mich leider unmöglich gemacht.

Es war also ein Gewinn, den ich gar nicht nutzen konnte. Schade.

Der zweite Gewinn in der selben Woche war freier Eintritt für die ganze Familie, also Eltern und Kinder, in das „Erfahrungsfeld der Sinne" in Nürnberg. Termin: Nächster Samstag.

Genau an dem Tag aber bekomme ich meine Holzlieferung am frühen Morgen um neun Uhr und die Kinder sind an diesem Wochenende bei meiner Ex-Frau. Klasse.

Wieder ein Gewinn, den ich auf Grund des ungünstigen Termins nicht wahrnehmen konnte.

Die Eintrittskarte habe ich allerdings an eine andere Familie weitergegeben, die dann dort hinfahren können und sich einen schönen Tag machen werden. Also habe ich gewonnen und jemand Anderem damit eine Freude machen können.

Schon besser als der erste Gewinn, oder?

Gewinnen ist also an sich weder schlecht noch gut. Es kommt immer darauf an, was wir selbst mit dem Gewinn anfangen können oder was wir aus einem unpassenden Gewinn noch herausholen können für Andere.

Ich freue mich jedenfalls schon auf den nächsten Gewinn und hoffe, ich kann damit mir selbst oder wieder irgend jemand Anderem etwas Gutes tun.

Wenn Du weißt, dass Du ein Gewinner bist, dann hat das Verlieren sowieso ein Ende.

- **Freiheit!**

Wir alle wünschen uns im Umgang miteinander Respekt und Achtung.

Wir wissen, wenn wir eine Scheidung bis zu Ihrem erfolgreichen Ende durchgestanden haben, wie weit wir manchmal von diesem Wunsch nach Respekt und Achtung entfernt sind.

Und gerade dann, wenn wir eine Erfahrung von beiden Seiten her gemacht haben, also darum wissen, wie unangenehm es ist, wenn Achtung und Respekt fehlen und wie gut es sich anfühlt, wenn wir im gegenseitigen Umgang ein gesundes Maß an gegenseitiger Anerkennung der Person walten lassen, dann verstehen wir den Wert unserer eigenen Handlungen sehr viel besser.

Ein guter angenehmer, aufrichtiger und hilfreicher Umgang miteinander bedingt unweigerlich auch die Toleranz, die Freiheit des/der Anderen zu achten.

Zwei Beispiele aus dem täglichen Leben mögen verdeutlichen, wie in unseren kulturellen Kreisen das Thema Freiheit übersehen wird.

Ein junger Mann hatte sich unsterblich in eine ebenso junge Frau verliebt. Er arbeitete selbständig und sie war in einem Geschäft in seiner Nähe als Angestellte tätig. Nebenbei arbeitete sie auch noch an einem oder zwei Abenden in der Woche als Bedienung in einem Musik-Lokal.
Er sagte zu mir: „Wenn Sie erst mal mit mir zusammen ist, dann stelle ich die Bedingung, dass sie ihren Job als Bedienung sofort aufgibt!"

Ein anderes Beispiel: Ein älterer Mann hatte mit einer älteren Frau in seiner Wohnung zusammen gelebt. Der Mann hatte immer wieder Reibungspunkte mit dem pubertierenden Sohn der Frau. Sätze wie „Solange er seine Füße unter meinem Tisch hat..." waren ganz normal.
Irgendwann hat die Frau den Mann verlassen und ist aus der Wohnung ausgezogen, zurück in die Wohngemeinschaft mit einem anderen Mann, bei dem sie zuvor schon gewohnt hatte.

Nach einer kurzen Zeit der Trennung kamen sich der Mann und die Frau wieder etwas näher, versöhnten sich und dachten auch wieder darüber nach, wieder zusammen zu ziehen. Kommentar des Mannes: „Bevor sie wieder bei mir einzieht, werde ich erst einmal ein paar klare Regeln aufstellen!"

Wie wirken diese Beispiele auf Sie?

Das sind ganz alltägliche Zustände aus ganz normalen „Beziehungskisten".

Wo ist hier die Freiheit?

Jeder meint, er müsse Regeln und Bedingungen aufstellen, damit das Zusammenleben klappt und funktioniert.

Dieses „klappt und funktioniert" ist aber immer reine Kopfsache. Das hat absolut nichts mit Liebe zu tun.

So stellt sich doch die Frage: Warum akzeptieren die Beteiligten so oft nicht einfach den oder die anderen Menschen so, wie sie eben sind?

Wozu diese nutzlosen Regeln und Bedingungen?

Wenn die Liebe da sein soll, haben Regeln keinen Zweck.

Eine Bedingung für die Liebe zu stellen bedeutet, ein Gefängnis zu bauen in dem die Liebe schon vom Beginn an zu ersticken droht.

In beiden Fällen ist die universelle Lösung, dass die „Freiheits-Räuber" lernen, dass Ihre Maßnahmen zum Scheitern der Beziehung führen. Unweigerlich – außer der/die Anderen übernehmen die Opferrolle.

Liebe kann nur leben, wenn sie die Freiheit hat, sich so zu entfalten, darzustellen und zu entwickeln, wie es ihrem Wesen entspricht.

Wenn zwei Menschen sich zusammen tun und der Eine braucht zum Glücklichsein auch Zeit für sich alleine, oder möchte gerne seiner Arbeit nachgehen, 40, 50 oder 60 Sunden in der Woche oder noch mehr – dann wird die Liebe, sofern sie da ist, dies alles für „gut und in Ordnung“ befinden.

Liebe stört sich nicht am Anderen.

Immer da, wo die Kritik beginnt, wo der Verstand Regeln für ein Miteinander aufstellen muss, damit es akzeptabel bleibt oder wird, ist die Liebe längst verschwunden.

Das, was dort noch übrig ist, ist vielleicht das Bedürfnis nach Nähe, weil man nicht alleine sein kann, die Gier und Geilheit, jemand Anderen besitzen und sexuell nutzen zu können und die Illusion, das sei doch Liebe.

Es ist Besitzergreifung und Gefangenschaft. Sklaverei und Unterdrückung. Mehr nicht.

Mit solchen „guten Voraussetzungen“ wird jede Beziehung scheitern. Sie ist bereits im Sterbeprozess, sobald sie beginnt.

Nur die Freiheit ist eine lebensfördernde Grundlage für die Liebe.

Freiheit und Unabhängigkeit garantieren, dass die beiden Menschen auch morgen noch „freiwillig“ zusammen sind – weil sie Liebe füreinander empfinden.

In der größtmöglichen Freiheit wird das Zusammensein zum größtmöglichen „Ja – ich will bei Dir sein!“

Achtung: Sehr häufig schränken wir selbst unsere Freiheiten ein, um nicht an die Grenzen dessen zu stoßen, von dem wir glauben, dass unser/e Partner/in das nicht gerne schluckt oder mitmacht.

Es ist ein großer Vorteil für uns selbst und auch für die Liebe (sofern sie wirklich da sein sollte!), wenn wir unsere eigenen Freiheiten auch wirklich leben und uns frei entscheiden – sogar dann, wenn wir glauben oder annehmen, dass sich unser/e Partner/in daran stört.

Nur dann, wenn wir uns selbst die Freiheit schenken, werden wir erfahren, ob es wirklich Liebe ist, was wir da erleben.

Wenn unsere Freiheit für den/die Anderen zum Problem wird, dann war es nur Besitzergreifung aber ohnehin keine Liebe.

Wenn wir unsere Freiheit aufgeben oder opfern, um das Zusammenleben aufrecht zu erhalten, dann sind wir schon gestorben und werden keine Liebe mehr erleben sondern nur eine Symbiose.

Die kann sich gut und angenehm anfühlen, aber eine erfüllende Liebe ist das nicht.

Wobei auch hier die Erfüllung in erster Linie wieder von Innen heraus kommen muss – und nicht von außen über den/die Partner/in.

Liebe und verteidige Deine Freiheit, dann wird die Freiheit Dir die Liebe zeigen und bewahren helfen.

Freiheit ist das höchste Gut des Menschen.

Wenn die Freiheit mit Füßen getreten wird, dann sind es immer unsere eigenen Füße, die den ersten Tritt machen!

Achten Sie auf Ihre Füße. Halten Sie die Füße still um damit Ihren Standpunkt einzunehmen und zu vertreten.

Und lassen Sie um Himmels Willen die Freiheit der Anderen in Ruhe!

Immer dort, wo wir die Freiheit eines Anderen einschränken, setzen wir auch uns selbst in ein Gefängnis.

Wie Außen, so Innen.

Wie kann ein Mensch, der sich selbst in ein Gefängnis sperrt, glücklich sein?

Versuchen Sie, nach Ihrer Scheidung die neu gewonnene Freiheit kennen zu lernen.

Versuchen Sie, Ihrer neuen Freiheit zu vertrauen. Lernen Sie, wie sich diese Freiheit für Sie anfühlt.

Es ist Ihre Freiheit und die darf so weit reichen, so weit Sie damit nicht die Freiheiten eines anderen Menschen gefährden oder einschränken.

Achten Sie Ihre Freiheit, pflegen Sie Ihre Freiheit und bewahren sie sich Ihre Freiheit.

Selbst wenn Sie Fehler machen um der eigenen Freiheit willen ist das absolut akzeptabel!

Und wenn Sie glauben, alles wäre endlich geregelt, aufgeteilt und abbezahlt, dann wundern Sie sich bitte nicht, wenn ein halbes Jahr, nachdem Sie bereits mehrere Rechnungen über mehrere Tausende Euro an Ihren Anwalt überwiesen haben, wie aus dem Nichts und völlig unerwartet noch einmal eine neue Rechnung von Ihrem eigenen Anwalt bei Ihnen ins Haus flattert. Tatsache!

Sie können es ruhig glauben: Ihr Anwalt hat doch tatsächlich noch einmal einen einzelnen, längst vergessenen Titel gefunden, den er an Sie in Rechnung stellen darf – und genau das hat er jetzt nach über sechs Monaten eben getan.

Beste Reaktion: Sofort anrufen, nachfragen und Ihr Unverständnis deutlich machen! Und danach bitte schriftlich den Anwalt in die Schranken weisen, dass Sie keine weiteren Rechnungen mehr bezahlen werden, wenn jetzt nicht sofort die Abschlussrechnung kommt.

Stellen Sie ein für allemal klar, dass Sie die Sache endgültig abschließen wollen und er/sie soll gefälligst alles, was er/sie von Ihnen künftig noch herauspressen möchte jetzt sofort in Rechnung stellen oder es für immer vergessen!

Sonst haben Sie diesen hungrigen Löwen vielleicht noch über weitere Monate oder Jahre im Genick sitzen.

Sie sind Ihre/n Ex losgeworden – werden Sie jetzt Ihren Anwalt los!

Füttern Sie ihn oder sie ein letztes Mal (indem Sie diese eine Rechnung noch bezahlen) und dann machen Sie als Dompteur den Löwenkäfig auf und treiben Sie Ihren Anwalt (schriftlich, höflich aber sehr bestimmt!) für immer aus dem Käfig raus.

Erst dann werden Sie wieder Ihre Ruhe haben.

Phase 4: Das neue Leben

Kein normaler Mensch wünscht sich eine Scheidung.

Wir alle kennen das Sprichwort „Verliebt, verlobt, verheiratet“ und alle wünschen sich, dass die Liebe anhält und bleibt. Glücklich bis ans Ende aller Tage – bis dass „der Tod uns scheidet“.

So stellt sich Mann und Frau das im Allgemeinen vor. Sie wissen jetzt, dass das nicht immer für ein Leben lang so bleibt. Jede dritte Ehe wird geschieden.

Falls Sie nun auch zu denen gehören, die eine Scheidung hinter sich haben und niemals mit dieser Möglichkeit gerechnet hätten, dann seien Sie herzlich willkommen im Club der Aufgewachten!

Bei all dem, was Sie und Ihre Ex-Familie in den Phasen ab der Trennung bis hin zur Scheidung durchgemacht haben, lohnt es sich, einmal mehr inne zu halten und sich zu fragen, was da gerade passiert ist.

Ein wichtiger Lebensabschnitt wurde beendet, der eigentlich bis zum Tode dauern sollte. So war es „geplant“, so war es gewünscht. Die Realität holt uns aber oftmals im Leben auf den Boden der Tatsachen zurück.

Was wir planen kann erfolgreich sein – oder sich völlig anders entwickeln. Was wir uns wünschen hat immer die Tendenz, sich zu verwirklichen. Das ist ein oftmals völlig unterschätztes Naturgesetz. Gefallen uns die Resultate nicht, dann sollten wir uns fragen, was wir beim Wünschen selbst übersehen haben.

Bei all den Differenzen und Schwierigkeiten während der Ehe – haben wir uns da nicht doch manchmal gewünscht, wir könnten fliehen, die Situation wäre anders oder dass wir lieber doch nicht geheiratet hätten?

Haben wir uns während der Ehe nicht auch das ein oder andere Mal gefragt, ob wir nicht mit einem anderen Partner glücklicher wären oder ob wir wirklich selbst in dieser Ehe glücklich sind?

Woran liegt es denn, dass aus der Liebe eine lange andauernde Konfliktsituation entsteht, die dann oft nur durch eine Trennung mit anschließender Scheidung gelöst werden kann?

Was läuft da falsch und können wir das für die Zukunft besser machen? Können wir uns davor schützen, nicht noch einmal die gleichen Fehler zu machen und nicht wieder vor einem Scherbenhaufen zu stehen?

Der Schlüssel zum Erfolg liegt einzig in der Liebe.

Die Ehe ist in unserer Kultur eine rechtliche Institution geworden. Menschen heiraten und ab dem Moment hat der Staat die Finger mit in der Ehe. Das Finanzamt gewährt günstigere Steuerklassen, der Staat fördert Familien eher als wilde Ehen ohne Trauschein und falls das Paar sich wieder trennen möchte, dann herrscht Anwaltszwang.

Das „Ja-Wort" bedeutet damit auch: „Ja, ich unterwerfe mich dem Zwang des Staates, damit wir beide in der Ehe die finanziellen Vorteile, die der Staat uns anbietet, ausschöpfen können!"

Was hat das mit Liebe zu tun? Im Grunde gar nichts. So erlaubt der Staat ja auch, dass zwei Menschen den Bund der Ehe schließen, auch wenn sie sich gar nicht wirklich lieben.

Es mag schon sein, dass der Standesbeamte in seiner Rede darauf hinweist, wie wichtig es für eine gute und lange dauernde Ehe ist, dass man sich gegenseitig unterstützt und zusammenhält. Vielleicht spricht er ja sogar ein wenig über die Liebe – aber Voraussetzung für die Eheschließung ist die Liebe auf dem Standesamt mit Sicherheit nicht.

Liebe und Ehe sind also zwei Zustände, die unabhängig voneinander existieren können und das eine hat mit dem anderen eigentlich nichts zu tun.

Eine Ehe ohne Liebe hat sehr schlechte Chancen wirklich lange zu halten, denn Liebe bringt auch Verständnis für den anderen Menschen mit sich. Liebe bedeutet auch „liebevollen Umgang miteinander“. Wenn zwei Menschen liebevoll miteinander umgehen, dann ist eine Trennung eher unwahrscheinlich.

Das bedeutet auch – solange die Liebe da ist, hat eine Ehe gute Erfolgsaussichten.

Daher jetzt die Frage an uns alle: Wann und wodurch ging die Liebe in der Ehe verloren? Was ist passiert, dass diese Ehe mit einer Scheidung enden musste?

All zu häufig kommen jetzt Antworten, wie: „Na ja, irgendwie haben wir uns nie wirklich geliebt.“ Oder auch „Mein/e Partner/in hat sich während der Ehe verändert!“

Wir erkennen also schon auf den ersten oder zweiten Blick recht schnell, welche groben Fehler sich in die Ehe eingeschlichen haben.

Die Liebe war nicht groß genug oder hat irgendwann einmal aufgehört oder wir können einen Menschen nicht mehr lieben, wenn er sich zu sehr „verändert“ und damit nicht mehr unserem Traumbild oder unserer Idealvorstellung entspricht.

Aber Stopp noch mal. Was hat das mit Liebe zu tun?

Haben wir eine falsche Vorstellung von der Liebe oder kann es uns jederzeit wieder passieren, dass die Liebe verschwindet?

Wir sollten uns diese Fragen wirklich stellen. Oder möchten Sie diese Scheidungserfahrung noch öfter in Ihrem Leben machen? Welche Garantien haben Sie, dass Ihnen das nie wieder passiert?

Ja – auch das gilt es zu bedenken: Wenn Sie jetzt Ihre erste Scheidung erfolgreich hinter sich gebracht haben, dann sollten Sie Vorsorge treffen, dass Ihnen so etwas niemals wieder passiert. Aber wie?

Zunächst einmal ist es ganz besonders wichtig, zu verstehen, dass die Liebe, wenn sie für lange Zeit erblühen soll, immer bei Ihnen selbst anfangen „muss“. Gerne hätte ich hier „soll“ geschrieben, aber dieses „soll“ ist einfach zu schwach.

Fragen Sie sich bitte einmal rückwirkend, ob Sie sich selbst während der Ehe aufrichtig geliebt haben. Haben Sie?

Oder müssen Sie zugeben, dass Sie immer wieder Dinge getan haben, die Sie „eigentlich" gar nicht tun wollten?

Ich habe mich ein paar Mal mit einer sehr hübschen, sympathischen und interessanten Frau getroffen, die ich gerne näher kennen gelernt hätte. Sie hat eines unserer Rendezvous abgesagt mit der Begründung: "Eine Freundin möchte mit mir einkaufen gehen – ich konnte nicht „Nein" sagen!"

Hat sie bemerkt, dass dieses „eigentlich" nicht wirklich gewollte „Ja" zur Freundin gleichzeitig ein „Nein" für unser Rendezvous war?

In jedem „Ja" steckt auch ein „Nein"!

Diese unbewusste Sabotage hat schließlich dazu geführt, dass wir uns (leider!) aus den Augen verloren haben. Dieses unbeabsichtigte oder unbewusste „Nein" hat unser gemeinsames Kennenlernen behindert, vielleicht sogar letztlich verhindert.

Sagen wir „Ja" zu jemand Anderem, obwohl wir es „eigentlich" nicht wollen, dann sagen wir damit auch eindeutig „Nein" zu uns selbst.

Wie darf ein Mensch von sich behaupten, dass er sich selber liebt, wenn er ständig (bewusst oder unbewusst) immer wieder „Nein" zu sich selber sagt?

Genau da steckt oft die Wurzel des Übels.

Wenn wir uns selbst lieben – was absolut wünschenswert und erstrebenswert ist – dann werden wir uns auch immer wieder fragen: „Was möchte ich denn selbst?" „Wie möchte ich es denn gerne machen oder haben?"

Und wenn wir die Antwort darauf gefunden haben, dann sollten wir gegen unsere inneren Widerstände versuchen, unsere Wünsche umzusetzen.

Wenn wir „Ja“ zu uns selbst sagen kann das auch ein „Nein“ zu unserem Gegenüber sein. Denn dann tun wir zunächst einmal das, was wir selber möchten und nicht das, was der/die Andere von uns will.

Wenn der/die Andere uns liebt, dann funktioniert das, denn Liebe bedeutet auch, den Anderen zu akzeptieren, so wie er/sie ist.

Wenn der/die Andere aber keine Ahnung oder eine falsche Vorstellung von der „Liebe“ hat, dann gibt es jetzt den ersten kleinen Konflikt oder das erste Stückchen Ärger, das hinunter geschluckt wird.

Liebe fordert nicht und Liebe verlangt nicht.
Liebe ist einfach da.

Wenn wir uns für einen anderen Menschen aufopfern, dann ist das vielleicht nobel oder edel, bewundernswert oder selbstlos – es entspricht aber nicht der Liebe, die wir für uns selbst empfinden sollten.

Außer wir opfern uns auf, weil genau das unsere Natur ist – dann fühlt es sich aber am Ende aller Tage gut für uns an.

Dann fühlen wir uns vielleicht erschöpft, aber nicht ausgelaugt.

Dann sind wir trotz allem, was wir durchgemacht haben glücklich, aber nicht deprimiert.

Aufopfern geht – wenn wir es aus Liebe tun und weil es unserem Wesenskern entspricht, also auch von der Liebe zu uns selbst mit getragen wird.

Wenn wir uns aber selbst hinten anstellen und uns aufopfern, weil wir glauben, dieses oder jenes tun zu müssen weil es sich so gehört und wenn wir dabei unser wahres Selbst verleugnen oder verbiegen, dann werden wir krank und es frisst uns von Innen heraus auf. Wir werden leer und depressiv, da wir den Sinn unseres Daseins nicht mehr leben.

Die gleiche Aktion also, dieses „Sich aufopfern", kann sich demnach auf zwei Menschen völlig unterschiedlich auswirken.

Alles, was wir tun, sollte sich für uns selbst immer „gut und richtig" anfühlen – auch wenn es vielleicht unangenehm oder anstrengend ist.

Wenn es für uns passt (und zwar für unseren Wesenskern, für die Anteile in unserem Inneren, die uns ganz individuell ausmachen!), dann fühlt es sich gut und richtig an, wenn wir es tun oder getan haben.

Ganz so einfach ist es aber in der Praxis nicht. Wir werden immer wieder, oft auch täglich, mit Situationen konfrontiert, die unsere Entscheidung abverlangen. Kleine und große Entscheidungen. Tagein, tagaus.

Erst in der Summe der Situationen erkennen wir, wie schwierig es uns manchmal fällt, „auf unserem eigenen Kurs" zu bleiben.

Das zu üben – unseren eigenen Kurs zu erkennen und zu halten – nennt man Leben!

Ich gehe davon aus, wenn Sie jetzt eine Trennung und Scheidung hinter sich haben, dass Sie sich während der Zeit der Ehe immer wieder selbst verraten haben. Dass Sie immer wieder Ihren eigenen Kurs aufgegeben haben, sich verbogen haben.

Dieses „sich selbst verbiegen“ hat Ihre Ehe ruiniert.

Das große Geheimnis, das Mann und Frau kennen sollten, um die Liebe am Leben zu erhalten nennt sich: Freiheit!

Akzeptieren Sie sich so, wie Sie sind und gehen Sie den Weg, der dorthin führt, wohin Sie selbst gerne gehen möchten.

Erlauben Sie sich, Ihre eigene Freiheit zu leben. Das ist **so** wichtig, damit Sie glücklich sein können.

Erlauben Sie sich, Ihren Wesenskern zu entfalten, zu erleben, wer und wie Sie selbst wirklich sind und grenzen Sie alle Angriffe und Eingriffe Anderer in Ihre Freiheiten aus, so gut es Ihnen gelingt.

Akzeptieren Sie Ihre/n Partner/in so, wie er/sie ist, und lassen Sie ihn/sie den Weg gehen, den er/sie gehen möchte.

Akzeptieren Sie die Freiheit, die Ihr/e Partner/in lebt oder leben möchte!

Stellen Sie keine Regeln auf, keine Bedingungen oder irgendwelche Erwartungen!

Sollten Sie das große Glück haben, herauszufinden, wie „Liebe“ sich anfühlt, dann wird das für Sie absolut selbstverständlich sein.

Dann akzeptieren Sie auch das Risiko, dass die Liebe morgen vielleicht nicht mehr erwidert wird – dann bedeutet das aber auch, dass Ihre eigene Liebe davon völlig unberührt bleibt.

Ihre Liebe kann auch dann bestehen, wenn der/die Andere Sie nicht liebt.

Liebe ist von der Liebe des/der Anderen völlig unabhängig.

Wenn es Ihnen weh tut, dann ist es keine Liebe.

Oft wird die vermeintliche Liebe kombiniert mit Eifersucht, mit Besitzergreifen, mit Kontrollzwang oder Verlustängsten. All das hat mit Liebe nichts zu tun!

Aber was ist dann Liebe? Woran erkennt man, dass es Liebe ist?

Liebe ist ein Gefühl und sitzt im Herzen.

Wenn Ihr/e Partner/in irgendetwas tut, und Sie denken darüber nach, oder „es geht Ihnen durch den Kopf“, dann hat das und die Reaktion darauf nichts mit Liebe zu tun. Liebe läuft ohne Gedanken ab, spontan. Wenn etwas passiert und Sie reagieren spontan darauf – dann können Sie erkennen, ob es Liebe ist oder bloß ein Gedanke, der aus dem Kopf kommt – weil er (der Kopf) glaubt, dass irgendwelche Eitelkeiten verletzt wurden, irgendwelche Besitztümer weggenommen werden sollen oder irgendwelche Absicherungen gefährdet sind.

Der Kopf rechnet, das Herz fühlt.

Beispiel: Ihr/e potentielle/r Partner/in sagt am Telefon: „Ich ruf dich in 10 Minuten zurück!" Sie warten auf den Rückruf, Sie haben Interesse an dem Menschen und wünschen sich den Rückruf.

5 Minuten kann man sitzen ohne etwas zu tun – 10 Minuten können sehr lange sein.

Was tun Sie? Wann werden Sie unruhig? Wie reagieren Sie, wenn die 10 Minuten vorbei sind?

Jetzt stellen Sie sich vor, dass Ihr/e potentielle/r Partner/in telefonisch für Sie selbst nicht erreichbar ist – weil Sie zum Beispiel die Nummer noch nicht bekommen haben.

Die 10 Minuten sind jetzt um, schon 20 Minuten sind vorbei.

Was haben Sie getan? Haben Sie gewartet, sitzen Sie immer noch auf Kohlen oder machen Sie mit dem weiter, was Sie auch zuvor schon getan haben?

Fangen Sie an, sich Sorgen zu machen oder kommt vielleicht Enttäuschung und Wut in Ihnen auf, weil 10 Minuten versprochen waren und jetzt sind sie schon lange vorbei?

Anhand solcher Situationen können Sie – wenn Sie aufmerksam in sich selbst hineinhorchen – sehr gut erkennen, welche Vorgänge in Ihrem Inneren ablaufen.

Ruft Ihr/e potentielle/r Partner/in dann (endlich!) nach 2 Tagen bei Ihnen an – wie reagieren Sie spontan, wenn sie die Stimme am Telefon erkennen?

Machen Sie einen Vorwurf, fragen Sie, warum nicht früher angerufen wurde oder freuen Sie sich einfach über den Anruf?

Die Liebe erkennen Sie, wenn Sie sich einfach nur gefreut haben!

Bevor Sie wieder in eine neue „Beziehung“ oder Partnerschaft einsteigen, sollten Sie wissen, wie Liebe sich anfühlt und sollten erkennen können, ob Sie jemanden lieben oder nicht.

– o –

Bei manchen kommt der Gedanke daran auf, zurück zum/zur Ex zu gehen und sich zu versöhnen, um es noch einmal zu versuchen.

Halten Sie das für sinnvoll?

Immerhin haben Sie es wohl über die Ehejahre so gut es ging versucht oder nicht? Und es hat mit diesem Menschen nicht wirklich funktioniert – egal, aus welchem Grund.

Nach der Trennung und Scheidung empfiehlt es sich, zuerst einmal mit sich selbst wieder ins Reine zu kommen, sich selbst wieder neu zu entdecken und herauszufinden, wer man ist oder welche Wesensmerkmale während der Ehe nicht ausgelebt werden konnten.

Wenn Sie sich selbst – mehr oder weniger gut – gefunden haben, dann haben Sie die Auswahl unter Milliarden anderer Menschen, mit denen Sie erneut das Glück erleben können.

Warum würden Sie auch nur einen Gedanken daran verschwenden wollen, es genau mit dem Menschen noch einmal zu versuchen, von dem Sie doch genau wissen, dass es nicht funktioniert?

Menschen ändern sich nicht.

Wenn jemand ein Trinker oder Schläger ist, dann wird das immer so bleiben. Alkoholiker können trocken sein, aber sie bleiben ihr Leben lang Alkoholiker. Schläger können den Gewalttrieb unterdrücken, aber wenn ein Mensch bestimmte Hemmschwellen ein erstes Mal überschritten hat, dann ist es nur allzu normal, dass er diese Schwelle immer wieder übertritt.

Sollten Sie also echte Probleme während der Ehe erlebt haben, die durch den Charakter des/der Ex begründet sind, kann die Lösung nur lauten:

Geben Sie demjenigen Menschen eine Chance, mit Ihnen glücklich zu sein, der es verdient und der es vielleicht auch ein bisschen besser hinbekommt als Ihr/e Ex.

Ist die Lieblingstasse erst einmal zerbrochen, kann man sie kleben – sie wird aber nie wieder so sein, wie zuvor. Irgendwann wird sie wieder undicht. Suchen Sie sich eine neue, noch bessere Lieblingstasse. Alles Andere wäre Quatsch.

Individuelle Ausnahmen kann es natürlich immer geben. Aber bevor Sie den Schritt zurück zum/zur Ex machen, sollten Sie wirklich genau prüfen, warum Sie das tun wollen und ob Sie selbst nicht tatsächlich etwas Besseres verdient haben.

Während der Phase einer Rückkehr, die vielleicht ein halbes Jahr später doch wieder scheitert, könnten Sie den besseren Partner für Ihr kommendes Leben verpassen.

Andererseits können Sie auch nichts wirklich falsch machen.

Gehen Sie einfach den Weg, den Sie für den besten halten und treffen Sie Ihre Entscheidungen vor allem mit dem Herzen!

Wenn alle Entscheidungen zum Ende der Ehe endlich getroffen sind, sei es über das Gericht oder im gegenseitigen Einvernehmen, dann kehrt letztlich wieder ein großes Stück Klarheit in Ihr Leben ein.

Sie wissen, mehr oder weniger genau, ob und wie viel Sie an Unterhalt zu zahlen haben oder bekommen werden und können Ihr neues Leben nun relativ gut finanziell kalkulieren. Sie können sich ausrechnen, was oder wie viel Sie sich jetzt bereits wieder leisten können und was nicht.

Eine der ganz wichtigen Fragen wird sicher die folgende sein: „Wo möchte ich leben?"

Wenn Sie nicht in Ihrer Übergangswohnung bleiben möchten, dann haben Sie jetzt die Chance, Ihre Weichen neu zu stellen und sich an dem Ort nieder zu lassen, der Ihnen dafür am besten geeignet erscheint.
Vielleicht wollten Sie immer schon in die Stadt und die Familie war bisher dagegen oder Sie möchten lieber im Grünen leben, abseits vom Stadtverkehr und im Kontakt mit der Natur.

Genauso wie die Frage nach dem „Wo" können Sie jetzt auch Ihre ganz persönliche Antwort auf die Frage „Wie" möchte ich leben, finden oder definieren.

Möchten Sie alleine leben oder wieder mit einem oder mehreren anderen Menschen unter dem selben Dach?

Sie haben jetzt, nach Abschluss aller Trennungsformalitäten und nach der richterlichen Scheidung die Chance auf Freiheit, Unabhängigkeit und Selbständigkeit.

Nutzen Sie Ihre Chancen um sich Ihr neues Leben so zu definieren, wie Sie es jetzt gerne haben möchten.

Es ist jetzt auch eine gute Zeit, um wieder Vertrauen und Liebe in Ihrem Leben zuzulassen.

Sicher werden die Verletzungen der Vergangenheit auch Ihre Zeit brauchen, um zu heilen. Dennoch kann es eine wichtige und hilfreiche Erfahrung für Sie sein, wenn Sie feststellen, dass andere Partner völlig anders sind, als Ihr/e Ex. Sie werden möglicherweise feststellen, dass Dinge, die während der Ehe ein großes Problem darstellten, jetzt keines mehr sind.

Oder anders ausgedrückt: Wenn die Ehe nicht gepasst hat und Sie haben schon damit begonnen, Ihre/n Partner/in wegzutauschen, dann tauschen Sie doch einfach so lange weiter, bis es passt!

Es gibt mehr als genug interessante und liebenswerte Menschen in jeder Stadt der Welt und auch in jedem Dorf. Da sind mit Sicherheit auch in Ihrer Nähe viele Dutzende Menschen dabei, die sehr gut zu Ihnen passen würden.

Werden Sie selbst zu einem liebenswerten Partner und lassen Sie sich überraschen, welche interessanten Menschen Sie kennen lernen können, wenn Sie dafür offen sind.

Sie werden feststellen, dass Liebe sich ganz unterschiedlich für Sie anfühlen kann, je nachdem, mit wem Sie es zu tun haben.

Und erlauben Sie sich ruhig auch, für mehr als einen neuen Menschen in Ihrem Leben Gefühle zu haben.

Es gibt keinen Grund irgendwelche Gefühle zu bekämpfen oder sich auf einen einzigen Menschen zu beschränken.

Wenn Ihr Herz groß genug ist, dann passen da sehr viele andere Menschen hinein – sogar dann, wenn Sie monogam und treu sind!

Es lohnt sich immer, Gefühle zu entwickeln und zu lieben.

Tun Sie es, wenn Ihnen danach ist und helfen Sie Ihrem neuen Partner dabei, so eine Situation zu verstehen, damit die Eifersucht nicht zum störenden Thema in Ihrer neuen Partnerschaft wird.

Nutzen Sie die Zeit, in der Sie die nötige Ruhe finden, auch über Ihre Vergangenheit nachzudenken.

Selbsterkenntnis ist ein unermesslich wertvoller Schatz für jeden Menschen!

Versuchen Sie herauszufinden, welche „Fehler" Sie selbst während Ihrer Ehe gemacht haben. Alle Aktionen, die Sie ohne Liebe getan haben, aus Wut, aus Angst oder Verzweiflung oder auch aus Gedankenlosigkeit oder Sturheit könnten Ihre/n damalige/n Partner/in verletzt haben und mit zur Trennung beigetragen haben.

Stellen Sie Ihren eigenen Anteil daran fest – ohne sich dafür zu verurteilen oder irgendeine Schuld zuzuweisen.

Verstehen reicht völlig aus. Schuld spielt keine Rolle. Schuld existiert nicht, weil jeder von uns jeden Tag sein Bestes gibt. Wenn es nicht besser ging, dann war es eben so.

Akzeptieren Sie es, lernen Sie daraus und versuchen Sie, es das Nächste Mal eventuell besser zu machen.

Mehr braucht es nicht.

Wir müssen nicht perfekt funktionieren.

Es reicht vollkommen, wenn wir morgens mit einem guten Gefühl aufstehen und abends, wenn wir wieder schlafen gehen, feststellen, dass wir auch heute wieder Situationen in unserem Leben gehabt haben, in denen wir irgend etwas oder jemanden geliebt haben. Das reicht vollkommen aus.

Versuchen Sie lediglich, sich selbst immer besser kennen zu lernen und zu verstehen. Das ist eine wichtige Aufgabe und kann auch sehr fordernd oder schwierig sein. Dennoch lohnt es sich. Laufen Sie nicht weg vor Ihren Gefühlen, sondern lassen Sie Ihre Gefühle zu, durchleben Sie diese und lernen Sie, wie sich das Eine oder Andere für Sie persönlich anfühlt.

**Im Schmerz, in der Freude und in der Liebe
spüren wir, dass wir leben!
Und dafür sind wir hier auf der Erde!**

Ein Neuanfang ist wie eine zweite (neue) Chance! Sie haben wieder ganz neue Karten in der Hand und können Sie so ausspielen, wie Sie es nun für richtig halten oder wie es Ihnen gefällt.

Entscheiden Sie für sich selbst über Ihr Neues Zuhause, Ihre Neuen Freiheiten und Ihre/n Neue/n Partner/in.

Definieren Sie sich Ihre eigenen Werte für Ihr Neues Leben.
Wie möchten Sie leben?
Wer möchten Sie sein?

Erschaffen Sie sich neu – so gut Sie es eben können.

Möchten Sie noch einmal heiraten?

Denken Sie dabei über einen Ehevertrag nach?
Falls ja, glauben Sie wirklich, dass eine Ehe mit „Vertrag“ besser klappt als eine, in der man grenzenloses Vertrauen hat?
Vertrauen, das allerdings auch enttäuscht werden kann, wie Sie ja bereits erlebt haben...

Denken Sie über alle Vor- und Nachteile nach und wenn Sie glauben, es begriffen und durchdacht zu haben – dann entscheiden Sie mit dem Herzen!

Tun Sie das, was für Sie selbst am besten ist!

Vertrauen Sie auf Ihr Gefühl und tun Sie das, was sich für Sie richtig anfühlt.

Und lassen Sie sich von niemandem unter Druck setzen – auch nicht von Ihrem eigenen Kopf!

Wenn es einen Freund gibt, auf den Sie guten Gewissens hören können, dann ist es alleine Ihr eigenes Herz.

Sie haben vertraut und wurden betrogen,
Sie haben geliebt und wurden verletzt,
Sie haben sich nach besten Kräften und bestem Wissen in Ihre Ehe eingebracht und konnten sie dennoch nicht retten,
Sie haben verletzt und fühlen sich dafür schuldig.
Verzeihen Sie sich – und lieben Sie weiter, so gut Sie es können!

Ein Herz das liebt macht keine Fehler!

Danksagung

Zunächst einmal möchte ich mich bei allen Mitwirkenden bedanken, die Anteil an meiner eigenen Scheidung hatten, durch die ich so vieles über das Thema hautnah miterleben und erfahren durfte. Ihr habt dieses Buch erst möglich gemacht!

Bedanken möchte ich mich auch bei meinen Freunden, die mich in der Phase meiner Trennung und Scheidung begleitet haben – ich hatte dadurch die Gelegenheit, sehr vieles zu lernen. Ihr habt mich immer wieder herausgefordert, die für mich richtigen Entscheidungen zu treffen und mir damit ermöglicht, einen noch bewussteren Umgang mit meinem eigenen Leben zu erreichen.

Ein ganz besonderer Dank geht an den Vogel, der das Coverbild so perfekt mitgestaltet hat! Ich habe so gelacht über diese großartige Idee und finde es äußerst angenehm, mit Euch Vögeln zusammen hier auf meinem kleinen Grundstück die eine oder andere wundervolle Erfahrung zu machen. Danke, dass Ihr mir die Johannisbeeren so überaus großzügig überlassen habt. Es wird mir eine große Freude sein, Euch auch im nächsten Winter wieder Futter bereitzustellen. Ihr seid sehr gute Freunde, auch wenn Ihr so scheu seid.

Ein besonderer Dank geht auch an den Wind, der mir zwei Pflaumenbäume im Garten umgeknickt hat. Du hast mir mit dieser Aktion wirklich viel zu verstehen gegeben und hast auch mit zum Coverbild beigetragen. Du hast mir gezeigt, dass jeder einzelne Tag im Leben zählt, da wir nie wissen, wann es für uns vorbei ist und wann wir herausgerissen werden aus unserem gewohnten Alltag.

Und natürlich möchte ich mich auch ganz besonders bei Ihnen bedanken. Als Leser dieses Buches geben Sie mir so vieles zurück. Meine Freude am Schreiben wird durch jeden Leser gefördert und es ist eine sehr schöne Erfahrung für mich, wenn ich miterlebe, dass Interesse an meinen Büchern besteht. Ich hoffe, ich kann Ihnen ein Stück weit mit meinen Worten helfen und Sie erhalten einen Nutzen aus dem Buch, der über den rein finanziellen Einsatz, den Sie hierfür geleistet haben, weit hinaus geht.

Danke auch an Euch, meine geistigen Helfer, für die Mitwirkung bei meinen Büchern, für die Begleitung durch mein Leben und die Liebe und Unterstützung, die Ihr mir so selbstverständlich immer wieder schenkt. Ihr seid meine besten Freunde und ich danke Euch für das große „Ja“, das Ihr mir jeden Tag aufs Neue gebt.

Ich danke dem großen Geist, der Natur, den Tieren und den Kräutern in meinem Garten für die liebevolle Unterstützung und allen sichtbaren und unsichtbaren Helfern, die mich jeden Tag begleiten. Möge es mir möglich sein, immer noch bewusster mit Euch zusammen zu leben.

Ach ja – und danke an das Wildschwein im Wald. Du hast mir gezeigt, dass ich immer noch eine gewisse Todesangst in mir trage, obwohl ich dachte, ich hätte das schon überwunden. Ich hoffe, ich habe Dich nicht all zu sehr erschreckt und wünsche Dir Frieden und ein langes Leben!

Dieter Heri Mader

Kipfenberg, 20. 07. 2011

Literaturhinweis:

Dieter Heri Mader

Geführte Meditationen

ISBN-13: 978-3-9806781-2-4

Erfahren Sie in diesem Buch Schritt für Schritt, wie man Texte für geführte Meditationen selbst erstellen kann.

Sie finden hier zahlreiche praktische Tipps für die spirituelle Arbeit, so dass der Einstieg in die Welt der Meditation und Spiritualität sicher und ohne Risiken bewältigt werden kann.

Lernen Sie das nötige Handwerkszeug kennen und nutzen Sie es, um damit kreativ Meditationstexte für alle möglichen Zwecke zu entwickeln.

Ob es um einfache Entspannungsmeditationen geht, oder auch um anspruchsvolle Themen wie zum Beispiel den persönlichen spirituellen Schutz oder die Reinigung der eigenen Aura – alles wird angesprochen und mit ausführlichen Beispieltexten, die sofort anwendbar sind, verdeutlicht.

Ein praktisches kleines Buch, das überall dort vorhanden sein sollte, wo es darum geht, eigene Vorstellungen zielgerichtet in passende Meditationstexte umzusetzen.